まとまる！決まる！動き出す！ホワイトボード仕事術

谷 益美
Tani Masumi

すばる舎

はじめに

これだけでチームの動きが一変！

□ まとまる、決まる、動き出す!!

こんにちは、谷益美（たに・ますみ）です。「マジック1本、どこへでもいきます」という書き出しで始まる拙書を上梓してから早5年。その間にも、数百人を超える参加者を迎えての研修やセミナー、大学での講義や講座、全社会議に経営会議、小さなプロジェクトミーティングから飲み会に至るまで、様々な場面で「対話の場作り」のお手伝いをしてきました。

バラバラのメンバーをチームにして成果を生み出す、そんな現場に欠かせないのがホワイトボード。みんなの意見を引き出したりまとめたり、様々な効果を発揮します。

「どうやったらそんなふうにうまく使えるようになるんですか？」

そう聞かれるたび現場でお答えしてきたエッセンスをまとめた本書は、会議やミーティングに悩む全ての人たちにお届けしたい、「ホワイトボード実践活用術」です。

□ 話し合ったこと、ちゃんと共有できてますか？

研修で様々な企業にお邪魔すると、普段はホワイトボードを使っていない、という部署やチームの方々もおられます。

| はじめに | これだけでチームの動きが一変！

「資料は配っているし、わざわざ書かなくてもOKでは？」
「数人で数分話すだけのミーティングなら、不要では？」

そういう声をお聞きすることも多いのですが、ホワイトボードを使うことは、チームの生産性を上げるという意味でも有効です。

「ちょっとよそ見をしているうちに、議論についていけなくなった」
「聞き違いをしたまま、その内容をメモしてしまった」
「その場では納得したけれど、何をどう決めたのか忘れてしまった」

などなど…。みなさんも心当たりはないでしょうか？

実は、会議やミーティングでは、お互い理解しながら話し合っているつもりでも、そうではないことが意外と多いのです。

例えば、事前に会議のテーマや議題など、必要事項を書いておくだけでも、メンバーの意識が揃いますし、脱線防止にもなります。さらに、発言内容をホワイトボードに書いて「見える化」すれば、勘違いやすれ違いが減り、それだけでも議論の精度はぐんと上がるのです。

□ 誰もが発言しやすい、そんな場作りとは？

「言わないとみんなやらないんですよね」
「仲間なんだから協力し合えばいいのに…」
「ミーティングでも発言しないし、静かなもんですよ」

リーダー以外は誰も発言しない、メンバーはいつも受け身で言われ

ないと行動しない、チームで仕事しているハズなのに情報共有せず、協力関係が薄い…。

そんなお悩みにも、ホワイトボードはよく効きます。なぜならば、ホワイトボードは「対話」を促すためのツール。単なる会議記録のための道具ではないからです。

ホワイトボードの一番の効果は、「みんなの目線を上げること」。同じ1つのものを見ながら議論をしていくことで、チームに一体感が生まれます。

そして、意見をホワイトボードにメモしながらの議論であれば、書かれた言葉に刺激されて、新しい意見も出やすくなるのです。

□ 基本を押さえれば、意外と簡単！

「でもせっかく使っていても、そんなに効果を感じないよ」

もしもそう思うなら、ホワイトボード活用をもう一歩進める良い機会かもしれません。

ホワイトボードを制する者、仕事を制す。ホワイトボードは確かにチームのみんなをまとめる強力なビジネスツールですが、適切な「見る機会」と「対話の機会」がないままでは機能しません。

ホワイトボードを、どう見せるか。それをもとにして、どんな対話を進めるか。ホワイトボードという「ツールの使い方」をきちんと知り、実践することで様々な効果が生まれてくるのです。

| はじめに | これだけでチームの動きが一変!

「でも、何をどう書けばいいの?」

その答えは、本書にあります。

会議改善をしたい、と依頼をくださったA社では、みんなで会議のルールを決め、ミーティングではホワイトボードを使うことを徹底し始めました。メンバーからの発言量も増え、情報共有もスムーズに進み出したと言います。

打ち合わせでお邪魔していたB社では、ホワイトボードメモを新人のCさんにお願いしました。最初は戸惑っていた彼も、1回のミーティングの時間内にみるみる上達。次の回からは、開始前に議事をまとめて用意してくるまでになりました。

よく「私は字がヘタで」「絵心がなくて」という方がいらっしゃいますが、心配はいりません。ホワイトボードは、美しく書くことより、わかりやすく書くことが、何より大切だからです。

いくつかのポイントさえ押さえれば、ホワイトボードをわかりやすく書くことは意外と簡単です。さらには、それによって、みんなが集まる場を上手に回していくことができるようになるのです。

早速、次章から、いつでも、どこでも、誰にでも、「すぐに使える、ホワイトボード仕事術」についてご紹介していきます。

ホワイトボード仕事術

目次

| 目次 |

はじめに | これだけでチームの動きが一変! | 03

第1章

ホワイトボードのメリットとは?

議論の「質」と「スピード」がみるみる上がる! | 14

第2章

必要な道具はたったこれだけ

ホワイトボードを活用するのはこんなとき | 22

基本の道具①ホワイトボード | 26

基本の道具②マーカー | 30

基本の道具③イレーザー | 34

その他便利ツールいろいろ | 36

第3章

いざ体験!ホワイトボードで会議 〜3つの役割で場を回す

会議の前に決めておくべきことは? | 40

議論を回す3つの役割 | 42

役割その①グラフィッカー「書記」| 44

役割その②ファシリテーター「問いかけ役」│48

役割その③タイムキーパー「ガイド役」│52

第4章

グラフィックのコツ

みんなの議論を書いて「見える化」する│58

構造的に書く。基本の2本線│60

「Tチャート」でスパッと整理│62

「Iチャート」でスッキリ問題解決│64

基本は「箇条書き」で│66

なるべく言葉のママ書く│68

まずは黒1色。色を使うのは後回し│70

「聞く」と「書く」を分ける│72

「5W1H」で書くのが理想│74

WHY 「何のためのミーティング?」│76

WHEN 「いつやる? いつまで?」│78

WHERE 「どこでする? どこを狙う?」│82

WHAT 「何をする? 何が必要?」│84

WHO 「誰が? 誰に?」│86

HOW 「どう進める?」│88

脱線意見も書いてOK│90

場所が足りない! 消すならいつ?│92

| 目次 |

第**5**章

ファシリテーションのコツ

みんなの発言を引き出す「問いかけ役」| 96

プロセスをデザインする | 98

みんながこっちを見るまで注目！| 102

今日のゴールをはじめに確認 | 104

「引き出して」「まとめる」ための3つのアクション | 106

こんな質問で発言を引き出そう | 108

議論が深まる！鉄板フレーズ3選 | 110

みんなが発言しやすい聞き方とは？| 114

誰も発言しないときは？| 116

対策その①指名する | 118

対策その②例示する | 120

対策その③担当決めはフェアに | 122

遅刻の人が来たら、どう迎える？| 124

「決め方」を決めていますか？| 126

最後は必ず「振り返り」の時間を | 128

会議のやり方自体を振り返る | 130

第6章

タイムキーピングのコツ

みんなの時間を守る「ガイド役」│134
定刻通りにスタートしよう│136
1分でかなりのことが話せます│138
時間配分は余裕をもって│140
スマホで計測。上手な警告│142
全体がズレ込んだら、どう端折る?│144
会議の時間を半分にする方法│146

第7章

実録!業務改善会議
〜アイデア出し・まとめ・振り返りまで

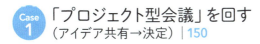

❶ 会議のテーマを確認「タイトルを書く」│152
❷ 時間・時期の確認「終了時刻や期日を書く」│153
❸ 課題意識共有(事前記入シートあり)│154
❹ ゴール設定「今日は何が決まればいいの?」│156
❺ 目的共有「そもそもそれは何のため?」│157
❻ アイデア出し「付箋紙に書く」│158

❼ アイデアまとめ「親和図でまとめる」| 159
❽ 全体共有「各グループプレゼンテーション」| 161
❾ 全体共有「共通キーワード抽出」| 162
❿ 全体共有「付箋紙まとめと共有」| 163
⓫ 全体共有「抽象化・具体化で内容整理」| 164
⓬ まとめ「決定事項確認」| 166
⓭ 次回に向けて「予定と具体的アクション確認」| 167

Case 2 「振り返りミーティング」を回す
（課題共有→改善）| 170

❶ 課題共有「気づき・学び」と「質問・疑問」| 172
❷ 今後に向けて「行動・活動をどう変える?」| 175

おわりに | 176

第**1**章

ホワイトボードの
メリットとは?

| 第1章 | ホワイトボードのメリットとは？

議論の「質」と「スピード」が みるみる上がる!

その場で、どこからでも書ける、好きなように書ける。手書きツールのホワイトボードは、その手軽さが一番の魅力です。

上手に使えば、たったこれだけで、議論の質やスピードを高められる、優れもののビジネスツールなのです。

日々の会議やミーティングが上手になれば、その後の素早く的確なアクションにもつながり、チームの生産性もぐんぐん上がっていきます。

そんなチームのコミュニケーションとパフォーマンスの要となるホワイトボード。まずは具体的にどんなメリットがあるのか、順に見ていくことにしましょう。

□ すぐに使える

マジックで手書き、その場で書いたり消したりが自由自在なのが、ホワイトボードのいいところ。例えば、何かの業務プロセスや段取りなどについて話し合うなら、紙資料でなくホワイトボードに書いて、議論を進めるほうが手っ取り早いはず。終わったら

> **MEMO**
>
> 「手書きが苦手」な人は、まずノートを使って、本章で紹介する書き方を練習してもよい

スマホで撮影して内容を共有。必要なときに、さっとボードの前に集まって使えてしまう、これが最大の魅力です。

MEMO

椅子や机を使わず、ホワイトボードの前に集まる「立ち会議」もオススメ

☐ みんなで書ける
議論中のホワイトボードは、書く人を1人に決める必要はありません。みんながそれぞれにペンを持ち、ホワイトボードの前に立てば、それぞれが議論しながら書き足せます。全員で1つのディスカッションメモを作り上げる、そんな活発な場作りができれば、メンバーの知恵をあますことなく結集できます。

☐ 論点が整理できる
会議やミーティングは、話しながら板書することで、わかりやすさが大幅アップ。書くときは、まずは黒いペンを使います。メモを取っていくうちに、重複する意見や関連する意見が出てきたら、赤や青など違う色のペンを投入。どんどん書き足せるホワイトボードですから、後から出てきた意見を色分けして論点を見やすく整理していきましょう。

☐ 論点を確認できる
ホワイトボードにメモをまとめながらの会議では、自然とみんなの顔が上がり、そこに視線が集まります。同じものを見ながらの議論だからこそ、行き違いや勘違いもなくなり、メンバーの意識も揃いやすくなるのです。

| 第1章 | ホワイトボードのメリットとは？

□ 発言のための刺激になる

ホワイトボードを見ながらの議論では、書かれた言葉が自然と視界に入ります。それがそのまま刺激になって、新たな発想が生まれることも。「これとこれとを組み合わせたらいいんじゃない？」「そう考えるなら、こんな意見もあるよ」。そんな意見が自然と生まれるのも、ホワイトボードのメリットです。

□ 意見と個人を切り離せる

ホワイトボードを使って意見交換するときは、無記名で書きましょう。意見や立場の違うメンバー同士の会議では、ともすればお互いの主張がぶつかり合い、平行線になることも多いもの。しかし、個人の主張をただ戦わせるだけでは、チームとしての結論には導けません。無記名で書いていくことで、人と意見を切り離し、客観的な議論をすることが容易になります。

□ 場をコントロールできる

中立の立場をとる外部のファシリテーターならいざ知らず、チームリーダーとしては、議論をある程度方向づけたい、そんなシーンもあるはずです。そんなときこそ、ホワイトボードに見える化しながら、みんなの思考を上手に導いていきましょう。話してほしい事柄や、考えてほしい切り口を書いておけば、自然とみんなの議論はそちらに向かいます。ただし、反論を受けつけない、持論と違う意見は書かないなどの姿勢はNG。望まぬ意見も書き留めることで、

MEMO

配布資料をホワイトボードに掲示して、一緒に見ながら議論するだけでも、みんなの視点が揃う効果アリ

| 第1章 | ホワイトボードのメリットとは？

発言者の納得感を引き出しましょう。

いかがでしょうか？　言われてみれば当たり前のことばかりかもしれません。しかし、このようなホワイトボードのメリットを活かしきるには、ちょっとしたコツが必要。研修先で苦戦しているチームリーダーの方を目にすることもしばしばです。

「議論がしょっちゅう紛糾する」
「意見を言うのは一部の人だけ」
「ダラダラしてしまって結局何も決まらない」

そんな会議にお悩みなら、ぜひ、このあとのホワイトボードの使い方について、チェックしてみてください。

MEMO

第**2**章

必要な道具は
たったこれだけ

| 第2章 | 必要な道具はたったこれだけ

ホワイトボードを活用するのはこんなとき

では早速、職場でのホワイトボードの活用法について見ていきましょう。ホワイトボードの用途は、会議やミーティング以外にも様々ありますが、本書では、チームの生産性に最も直結する、次の3つのシーンでのホワイトボードの使い方に的を絞って、紹介していきます。

MEMO

その他、出欠連絡、ルール共有、目的進捗共有、アイデアメモなど、チームの情報共有ツールとしても、活用できる

①会議

営業会議や企画会議、様々な会議は、もちろんホワイトボードの使いどき。議事ごとの情報共有はプロジェクターを使って見せるとしても、今日の議事や時間、どんな成果を出すかのゴールは、会議時間中常に見える化しておくべきです。定例会議は特に進行がマンネリ化しがちですから、毎回開始前にホワイトボードに話し合うべき議事を書くようにすれば、「なんとなく」で始まる会議も変わります。

②ミーティング

2人や少人数で進める日々のミーティングや打ち合わせ、突然始まる小さな議論の現場では、お互いの意見を書き留めながらのホワイトボードミーティングがオススメです。書きながら話すことで相互理解も深まりますし、1つのメモを見ながら議論することで、一緒に物事を進めていく、という一体感も生

| 第2章 | 必要な道具はたったこれだけ

まれます。ミーティングは大抵の場合、その後のアクションを決めるためのものですから、決まったことを見える化して、メンバーで確認して終わりましょう。

③アイデア出し

チームメンバーから多くのアイデアを出すコツは、思いついたことを評価せず、なんでもいいから書き出すこと。そして、出てきたアイデアに足し算、掛け算、引き算しながら、多方向に広げていくことです。そんなアイデア出しの現場には、出てきた言葉をみんなで眺められるホワイトボードが打ってつけ。それぞれが出した言葉がお互いへの刺激となり、また新たなアイデアや議論のタネを生み出すのです。このアイデア出しのやり方については、7章でまとめて紹介していきます。

MEMO

会議やミーティングなど、思い立ったらすぐ使えるように、ホワイトボードは、いつも綺麗にしておくこと

| 第2章 | 必要な道具はたったこれだけ

基本の道具① ホワイトボード

ホワイトボードと一言で言っても、実はいろんな種類があることをご存知でしょうか？

大きさも様々ですし、壁掛けタイプや可動式のもの、片面or両面タイプなど。さらには、印刷機能などのついた高機能のものもありますが、最近のスマートフォンのカメラ機能や、スキャナアプリの性能を考えると、わざわざホワイトボードにそんな機能を持たせずとも事足りるというのが率直な意見です。

電源も必要とせず、どこでも使えるのがホワイトボードのメリットだと考えると、最初の1台はぜひシンプルなものを。最近は電子黒板など、書いた文字や画像がデータ化される機能を持ったものもありますが、まだまだアナログのペンの書き味には程遠いというのが私の印象です。思考や議論を妨げないスラスラと書けるスピード感が重要ですから、書き味にもこだわって選びましょう。

新しく購入するなら、用途に一番合ったものを探して導入するとよいですが、とりあえず、手近にあるホワイトボードをそのまま使っていただくだけでも十分です。

MEMO

標準的なキャスター付きのタイプなら、1台1万円〜1.5万円で入手可能

最初に用意するのは まずは無地のシンプルな ホワイトボードがオススメ！

ちゃんと書ける

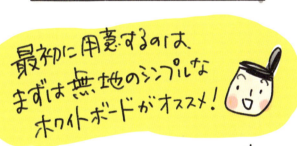

スマホのカメラ　ホワイトボードペン

あとはこの2つがあればOK！

| 第2章 | 必要な道具はたったこれだけ

□ 必要な大きさは？

職場で1つ導入するなら、やはりオススメは大きめのもの。1810mm×910mmが主流です。場所に制限がなければ、最低でもこのサイズを。可能ならもっと大きいものか、複数枚購入することを検討しましょう。

□ 可動式か壁掛けか？

会議室に備えつけのものもありますが、できればホワイトボードにコマのついた可動式が1つあると、社内の様々な場所で活用することができて便利です。さらに最近は、賃貸オフィスでも利用できる、貼って剥がせる糊つきのホワイトボードシートや、壁一面をホワイトボードにできる塗料もあるので、好きな位置・好きな大きさでホワイトボードを導入することも可能です。

□ 両面タイプか片面タイプか？

可動式を選んだら、片面両面どちらのタイプにするかも選択肢です。予算的にOKなら、ここはぜひ両面タイプを選びましょう。議論が深まってスペースがいっぱいになったときも使えますし、残しておきたい議論のメモを片面にそのまま残して、別の議論を進めることも可能です。

MEMO

予算と設置場所のスペースがOKなら、大きめサイズで可動式、両面書けるホーロー製がオススメです♪

| 第2章 | 必要な道具はたったこれだけ

✏ 基本の道具② マーカー

□ 色

色は基本の黒・赤・青をまずは揃えましょう。これ
だけあれば、通常の用途であれば十分対応できます。
よく使う黒のインクが一番切れやすいので、インク
の補充や予備のペンは、ぜひ備品リストに入れてお
いてください。企業の会議にお邪魔して、いざペン
を手にすると、ほとんど全てのペンがかすれ気味…
という残念な会議室も多いです。書けないペンを手
にした瞬間のガッカリ感の破壊力は、侮れません。
せっかくの会議やミーティングの出鼻をくじくこと
のないよう、ご注意を。

□ 太さ

部屋の大きさ、メンバーとの距離感にもよりますが、
くっきり見えやすく、自然と大きめの文字を書くこ
とになる中字以上のものをオススメします。細字の
ホワイトボードマーカーを使うと便利なのは、ノー
トサイズのボードを使って打ち合わせするときくら
いです。ある程度広さがある会議室や、人数の多い
場では、極太を使うのもオススメです。ホワイトボ
ードは見える化のツール、その場の全員が読めない
と意味がありませんから、一番後ろの人も見えるか
どうかを基準に選びましょう。

MEMO

発色のよいもの、ケシ
カスの粉が出にくいもの
など、さまざまなタイプ
がある

|第**2**章|必要な道具はたったこれだけ

□ 置き方

ホワイトボードマーカーは、==横置き==しておくのがルールです。時々ペン立てのような容器に立てて収納している会議室も見かけますが、インク詰まりの原因になります。マーカーを使ったら横にしておく。いつも快適な書き味を保つためにも徹底しましょう。

MEMO

| 第**2**章 | 必要な道具はたったこれだけ

基本の道具③ イレーザー

ホワイトボードはいつも真っ白、綺麗な状態で使い始めたいもの。そのために大事なことは、ホワイトボードのお手入れです。

書いた文字を消すイレイザーは、汚れたらきちんと取り替えましょう。汚れた面を剥がして使えるタイプや、ものによっては洗って再利用できるタイプもあります。

また、ホワイトボードの文字が消える仕組みを考えると、消すタイミングも重要です。書いた直後はインクがまだ乾いておらず、拭いてもインクを伸ばしてボードを汚してしまうだけ。インクが乾くまで待ってから消しましょう。

そして、逆に書いて長く放置していた場合も消えにくくなってしまいます。そんな場合は、まずは水拭き。中性洗剤の使用はオススメされていませんのでご注意を。水拭きでは消えない場合は、薬局でも購入できる「エタノール」などのアルコールで拭きとるのがオススメです。

MEMO

字が消えにくくなったり、インクが拭き取れなくなってきたら、取り替えのサイン

| 第2章 | 必要な道具はたったこれだけ

その他便利ツールいろいろ

☐ マグネット

資料を掲示しながら議論したいときに便利なのがマグネット。視界の中でゆらゆら揺れると落ち着きませんから、ピタッと気持ちよく留めることができるものを選びましょう。オススメなのは、バータイプの磁力がしっかり強めのもの。何本か用意して、上下をピタッと留められるようにしておきましょう。また、配布物などを留めておくならクリップタイプのマグネットも便利です。

☐ 付箋紙

アイデア出しなどで使います。サイズ75ミリ×75ミリの正方形が一般的。剥がれにくい強粘着タイプなどもあります。チームごとや用途ごとに色分けできるように、複数の色を揃えておくと便利です。

☐ バタフライボード

専用の極細マーカーを用意すれば、普通のノート感覚でも使えるノートサイズのホワイトボード。サイズはB5やA4などがあり、両面書ける4枚セットなので、メンバーそれぞれに手渡して、アイデアを書いてまとめるフリップボードとしても使えます。内蔵の磁石でページを連結したり、ホワイトボードに貼りつけたりすることもできます。

MEMO

付箋紙を使用するときは、太めのサインペンも人数分準備するとよい

他にも、メインのホワイトボードと併せて使う、ミニホワイトボードや、模造紙、イーゼルパッドなど、様々なツールがある

第**3**章

いざ体験！
ホワイトボードで会議
～3つの役割で場を回す

| 第3章 | いざ体験！ホワイトボードで会議〜3つの役割で場を回す

会議の前に決めておくべきことは?

ホワイトボードもマーカーも整ったら、いよいよホワイトボードを使った会議やミーティングを実践してみましょう。

まず最初にやるべきは、「目的共有」「ゴール設定」そして「終了時刻の設定」です。

①何のためのミーティングか……目的共有

②何が決まればOKなのか……ゴール設定

③何時までに終わるのか……終了時刻の設定

会議を始める前に、この3つを必ず押さえておきましょう。これらが曖昧なまま始めてしまうと、ダラダラ時間だけが過ぎていくことになります。

会議の冒頭でこれらをメンバーと共有したら、ホワイトボードにきちんと見える化。ここからいよいよ対話時間のスタートです。

MEMO

初めてホワイトボードを使って会議をするなら、少人数の打ち解けたメンバーと。会議後は、フィードバックをもらうこともお忘れなく

議論を回す3つの役割

対話の場を作るとき、必要になる役割は、次の3つです。

役割その① グラフィッカー「書記」

役割その② ファシリテーター「問いかけ役」

役割その③ タイムキーパー「ガイド役」

通常はリーダーなどが1人でこれらをこなしますが、慣れるまでは何人かで役割分担しても構いません。

人数の多い会議、初対面の人が多い会議など、他に協力してくれる人がいれば、場作りがしやすくなります。分担してくれた人にとっても、よい学びの機会となるはずです。

また、チームや組織とは関係ない人にこれらの役割をお願いするというのもアリです。全員で議論に集中したいときや、不特定多数の人が集まるワークショップなど、他部署の経験者やプロのファシリテーターに依頼する、といった方法が考えられます。（これについては、第7章を参照してください）

MEMO

まず最初にやってみるならグラフィッカー。立場に関係なく取り組みやすい

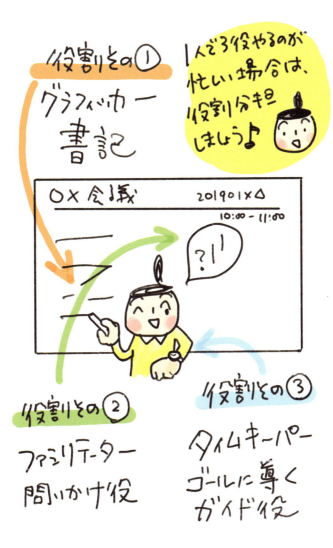

| 第3章 | いざ体験！ホワイトボードで会議〜3つの役割で場を回す

役割その①
グラフィッカー「書記」

意見や根拠など、メンバーから引き出された情報は
見える化せねばなりません。

特に反対賛成入り混じる多様なディスカッションの
現場では、その場で書き出して整理していかないと、
一向に議論が進まず停滞しがち。会話を"空中戦"の
ままにしていては、まとまるものもまとまらないの
です。

議論を空中戦にせず、結論に向けてまとめるために
必要な1つ目の役割は、議論を見える化する「グラ
フィッカー＝書記」です。

グラフィッカーは、ホワイトボードに意見を書き、
必要に応じてまとめていくのが役割です。私たちは
ついつい自分に都合の良いように人の意見を解釈し
がちですから、書き留める際には「これでいい？」
と確認することも大切。

参加者に背中を向けて、ひたすら書いているだけで
は、その役割は果たせません。ホワイトボードの脇
に立ち、みんなの対話に参加しながらメモを取りま
しょう。

MEMO

すでに会議の進行に慣
れている人は、次章の
ホワイトボードの書き方
さえ重点的に押さえれ
ばOK！

「〇〇さんが言ったのはこういうこと？」
「(一旦意見を全て聞いてから) 今の意見は□□ってことでいいんでしょうか？　了解、ここに書いておきますね」

白紙状態のホワイトボードにランダムに書いていってもOKですが、みんなの意見をわかりやすく整理したいなら、シンプルな「枠」を用意してメモをまとめるのがオススメです。

例えば、人事評価制度の定着を目指すA総合病院。制度の導入にネガティブな意見が優勢ではありますが、経営層含め、制度を推進したい人も存在します。こういったネガポジ両面の意見が引き出される現場では、最初から「ネガティブ」「ポジティブ」双方の意見をメモするためのスペースを確保しておくと効果的です。

ホワイトボードに大きなTの字を書き、上部にテーマ「人事評価制度について」と書きます。議論のテーマを見える化しておけば不要な脱線を防げますし、みんなの意識も集中します。発言を整理して書いていくと、自然とメンバーの視点も広がり、多面的な議論ができるようになります。

ホワイトボードを制する者、議論を制す。グラフィッカーが書くホワイトボードの場への影響力は、とても大きいものなのです。

MEMO

詳しくは、第4章を参照

| 第3章 | いざ体験！ホワイトボードで会議〜3つの役割で場を回す

役割その②
ファシリテーター「問いかけ役」

2つ目は、全体構成を考え、全員から意見を引き出すための問いを立てて、聞き手として振る舞う「ファシリテーター」です。

参加者の属性をつかみ、目的に沿ったテーマ設定や問題提起を行います。そして、対話が始まれば、発言しやすい雰囲気作りに努めるのも大事な役割。参加者の表情や態度を察知して、多くの発言を引き出していきます。

「人事評価制度なんて、大変なばかりで、やっても無駄ですよ」

「そもそもウチの経営方針が決まってないのが問題なんじゃないですか？」

先ほどのA総合病院では、人事からの説明のあと、質疑応答のディスカッションを行いました。各科のリーダーから出てきた意見は、上記のような否定的なものが多数。ここぞとばかりに「そもそも論」や「やってもムダ」といったネガティブ派が活発に発言します。

こんなときでも、ファシリテーターとしてのスタン

MEMO

メンバーの意見を「引き出して」「まとめる」。ホワイトボードの活用で、より明確に議論を整理して進行できる

スは中立。

MEMO

「なるほど、大変というのはどの部分を指しておっしゃってます？」

「無駄だと思う理由を聞かせてもらっていいですか？」

「方針が決まっていない、というのは具体的に何が決まってないと思ってらっしゃるんでしょう？」

大事なことは、たとえ否定的な意見でも、そう思うに至った根拠を明確にすること。さらなる問いかけで、発言者の真意を具体化していくのがファシリテーターの役割です。

「やってもムダ」「決まってない」は、あくまで発言者個人の主観です。なぜそう思ったのか、背景にある事実は何なのか、それらを明確にしないままでは、議論を進めても平行線。

重要なのは、発言の根拠を事実ベースで明確にし、問題を整理していく問いかけです。

| 第3章 | いざ体験！ホワイトボードで会議〜3つの役割で場を回す

役割その③
タイムキーパー「ガイド役」

そして最後、3つ目の役割は「タイムキーパー」。
時間管理を担当します。

冒頭で、目的、ゴール、そして終了時刻を決めるべ
し、とお伝えしたように、どんなに有意義な議論の
場も、エンドレスでは困ります。時間内に結論を出
すためには、議論すべき議題は何か、必要時間はど
のくらいか、といった時間の読みが必要です。

タイムキーパーが管理する時間は、全体や議事ごと
の時間だけではありません。時間を有意義に使おう
と思ったら、メンバーそれぞれの発言時間もコント
ロールせねばなりません。話したいことが溢れがち
な経営メンバーや、現場への問題意識を抱えたリー
ダー、マネージャーは、ついつい長時間発言しがち。
自分はこんなに発言しているのに、メンバーは何も
発言しない…と嘆くリーダーの会議に伺うと、「リ
ーダーの独演会」と化しているパターンも少なくな
いのです。

だからこそ、タイムキーパーに求められるのは、参
加者全員が発言できる場作りのための時間管理。話
が長くなりがちな人には頃合いを見て「…そろそろ
いいでしょうか？」と区切ったり、必要に応じて

MEMO

まずは「今日のミーティ
ングは何時までです
か？」と終了時刻を確認
する習慣を

| 第3章 | いざ体験！ホワイトボードで会議〜3つの役割で場を回す

「発表は1分以内で」と1人当たりの発言時間を設定
したりします。

「それ、ウチの社長には言えないです…」
「上司にそんなこと言うんですか？」

とは、社内会議をなんとかしたい方々からのご意見
です。確かに内部メンバーとして一番やりにくいの
はこのタイムキーパーという役割かもしれません。

だからこそのオススメは、上席の立場の方、もしく
はリーダーがタイムキーパーとして振る舞うこと。
その場で一番権限を持つ人が、時間管理を担って有
言実行することがオススメです。

もしもそれは難しい…という場合は、会議を生産的
に進めるための社内ルールを設定し、「発言は簡潔
に」「意見は長くとも3分以内」などと、決めてお
くことも有用です。

決めたルールは掲示して、全員が守るように徹底し
ます。口頭で指摘しにくいなら、ストップウォッチ
やタイマーなどを利用してはいかがでしょう。

ある企業の会議では、発言し始めたらタイマーを押
す、というルールで時短したという話もありますか
ら、使えるツールをうまく使って実践してみるのも
オススメです。

MEMO

第**4**章

グラフィックのコツ

| 第4章 | グラフィックのコツ

みんなの議論を書いて 「見える化」する

ホワイトボードは見える化のツール、と書きましたが、実際にはそれだけのものではありません。人が集まり対話する、会議やミーティング、ちょっとした打ち合わせのシーンでも、ホワイトボードを制する者、その場を制す。議論の方向をリードして、みんなの思考に大きな影響を与えるのは、実はホワイトボードそのものなのです。

「ちょっとメモにまとめますね」
「よかったら書記やりましょうか」

と、下の立場の参加者であってもアクションを起こしやすいのが「グラフィッカー＝書記」という役割。

そして、いざボードの前に立って書き始めると、バラバラだったみんなの目線が一気に集まり、書かれたメモをもとに話し合いが進んでいきます。

「うまくまとめたな」
「ちょっと写真撮らせてくれる？」

そんなふうに言われるメモも、ポイントさえ押さえれば簡単です。本章で書くときのコツをつかんで、うまく場をまとめていきましょう。

MEMO

「字は読めればOK」「最後のまとめがわかればOK」と割り切ることも大切

会議やミーティングの前に必要事項を書くだけでも効果アリ。まずは「書くこと」に慣れる

| 第4章 | グラフィックのコツ

構造的に書く。基本の2本線

対話を見える化するグラフィックのコツは、その場の対話を「構造的に捉える」こと。行き当たりばったりに書き進めても、まとまりがなく、わかりづらい板書になってしまいます。

・時系列で上から下にひたすら書く
　→「要点は何だっけ？」
・スペース配分がない
　→「あ、書く場所なくなっちゃった…」
・全部漏れなくツメツメに書く
　→「見にくい！」
・標題などがなくいきなり書き始める
　→「今日は何についての議論？」

こんな板書にならないためのコツは意外とカンタン。
①上に横線を1本ひいて標題（タイトル）と日時。
②右に縦線を1本ひいて、会議のまとめや今の議論と違う内容のメモなどを書くスペースに。

構造的に書かれていると、参加者自身が、どこの「枠」に自分の意見が入るのかが見えるので、議論が進むにつれて、内容がどんどん整理されていきます。質の高い話し合いをしたいと思ったら、こうしたグラフィッカーの役割が欠かせないのです。

MEMO

基本はこの2本線が使えればOK。シンプルに大枠の構造のみ押さえておけば、書きやすいし見やすい板書になる

|第4章|グラフィックのコツ

「Tチャート」でスパッと整理

会議で出てきた多様な意見を「聞き分けて書き留める」ために便利なのは、ホワイトボードに最初から、「枠」を用意しておくこと。

前述の基本の2本線とともに、まず使えるようになりたいのは、議題について意見を「ネガ・ポジ」「できている・できていない」「メリット・デメリット」など、2方向から整理できる「Tチャート」です。

ホワイトボードに大きな「T」を書き、横棒の上に話し合いたい議題を、左右の枠にそれぞれの要素を書き込めば準備OK。

みんなの意見を「それはどっち？」と発言者に確認しながら書き込みます。発言者自身がどちらに当てはまる意見かを整理しながら議論が進むので、グラフィッカーが迷うこともありません。

ホワイトボードの前に立ち、書くぞと気合いを入れるのはよいのですが、グラフィッカーだけが頑張るのも本末転倒。話し合いはみんなのものですから、ホワイトボードのメモのまとめ方も、メンバー全員を巻き込みながら進めていきましょう。

MEMO

Tチャートに使う言葉選びも大切。例えば、「欠点」「ダメなところ」は「改善点」と書くなど、発言しづらい表現は避ける

|第4章|グラフィックのコツ

「Iチャート」でスッキリ問題解決

そして、日々の問題解決のための話し合いで、ぜひオススメしたいのが「Iチャート」です。Iチャートは、横に長い「I」をまず書きます。

Iの上部に議題、真ん中の左右に「現状」と「理想」、下部の広いスペースに「これからの行動」といったタイトルを書き込んで完成。出てきた意見を、発言者自身にも整理を促しながら書き留めていきます。実はこれ、「GROWモデル」というフレームワークを下敷きに、私が長年個人的に使っているのですが、とても便利なのです。

MEMO

Iの横棒を長く。カタカナの「エ」のようなイメージで書く

GROWモデルとは、ゴールと現状を明確にして解決策を考えるフレームワークの1つ。コーチングでもよく使われる

・どこを目指すのか（Goal）
　　→理想の未来・目標数字・ビジョンなど
・現状はどうか（Realty）
　　→現実を表すデータ・問題点・リソースなど
・ゴールに向けてのアクション(Option)
　　→改善アイデア・取り組みなど
・みんなの意志はどうか(Will)
　　→本当にやれるか・懸念はないか

この4点さえ押さえていけば、日々の「業務改善」からチーム全体の大きな「目標設定」まで、実現への道筋が自ずと見えてきます。

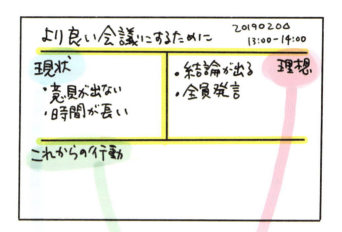

出てきた意見がどの枠に入るかを書き分けながら整理しましょう！

基本は「箇条書き」で

「あ、書くスペースがなくなっちゃった」となりがちな、議論の場でのホワイトボードメモ。書けるスペースは限られていますし、みんなに見えるようにある程度の大きさの字で書くわけですから、すぐにいっぱいになってしまいます。

ホワイトボードの基本は、シンプルに箇条書きです。語尾や名称、長い言い回しは適宜端折ってOKです。

意見が出てきた順に上から書き進め、同じ内容や何度も出てくるキーワードは、あえて書かずに進めます。「うんうん、こういうことですね」とうなずきながら板書を指差し確認すればそれでよいのです。

なお、この指差し確認のときに、色ペンでのアンダーラインや丸囲みなど、強調サインを加えていくと、いろんな人が同じ意見を口にしていることが可視化され、より共有しやすくなるのでオススメです。そうすることで最後には、どんな意見が主だったのか一目でわかるメモが完成します。

書いている途中はあまり深く考えず、みんなの意見をどんどん書き足していくと、議論のスピードにもついていくことができます。

MEMO

さらに略語を使うと、スペースと時間の節約に

打ち合わせ→打合せ
ミーティング→MTG
プロジェクト→PJ

| 第4章 | グラフィックのコツ

なるべく言葉のママ書く

議論を見える化する際には、相手の使っている言葉をそのまま書くことも大切です。もちろん、発言を言い換えたり要約したりすることも場合によっては必要ですが、やりすぎは禁物。

ホワイトボード上のメモは、みんなで作り上げるもの。「こんなこと言ったっけ？」になると、違和感や不信感にもつながりかねません。例えば、こんな場合でもそうです。

「お店の**ホームページ**を全ページ新しくしたいんです」

「なるほど、**ウェブサイトリニューアル**の検討ですね」

ホームページか、ウェブサイトか。IT担当としては正しく「ウェブサイト」と推したいところかもしれませんが、プロフェッショナルばかりではないミーティングの現場では、言葉の正しさにこだわりすぎないことも必要です。

もしも正しく残したい場合は、きちんと説明した上で書きましょう。言葉は発言した人のもの。変更する場合は同意を取るのがスマートです。

MEMO

発言を要約して書くときは、発言者の言葉をそのままキーワードとして残すと、違和感がない

ホームページを新しくしたいんです
ウェブサイトリニューアルですね
…?
言葉のズレが理解のズレにつながります。相手の言葉を大切に♪
Point!

| 第4章 | グラフィックのコツ

まずは黒1色。色を使うのは後回し

「赤や青、色ペンは、どう使い分ければいいんですか？」

見やすくわかりやすいメモにするためには、黒以外の色をうまく使うと効果的。…ではありますが、**いつ、どんなふうに使うのかが悩みどころ。**

例えば大事なことは赤色で、違う意見は青色で、と内容よって色を分ける方法もありますが、これだと、意見を書き留める際にどの色で書くか迷ってしまって書けなくなる方も多くいらっしゃいます。

そういう方へのオススメは、まずは割り切って黒1色で書くこと。同じ言葉や同じ内容が出てきたら、そこでようやく色ペンの登場。「まずは青を使う」など、順番だけは決めておくと迷いません。

例えば、重複する言葉や意見、関連する言葉を青のラインや囲みで強調します。まとめの段階に入ったら、そこで今度は赤を投入。決まったことややることなどを、みんなに確認しながら、赤を使ってまとめていけばスムーズです。

MEMO

もっとカラフルにしたい人には、ステッドラー社6色マーカーなど、カラフルなものもアリ

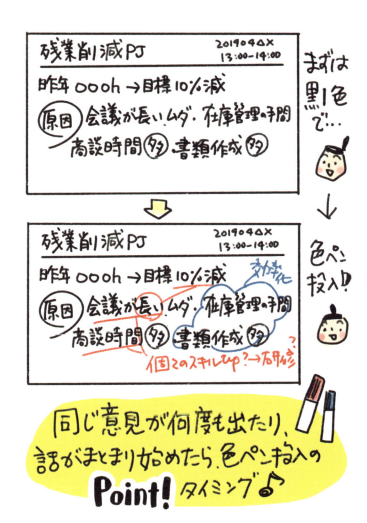

|第4章|グラフィックのコツ

「聞く」と「書く」を分ける

「でも、何をどう書けばいいのか迷ってしまって」
「書くほうに夢中になると、つい話についていけなくなるんです」

という方の様子を拝見すると、聞きながら同時に書こうとしていることが多いようです。もちろん、苦にならずに同時進行できる方はそれで構いませんが、オススメは「聞く」と「書く」を分けること。

①一旦最後まで聞いてから、②「〇〇ということでよいでしょうか?」と確認して、③サッと書き留める。そんなやりとりを続けるうちに、要約力もアップします。

メンバーの意見をちゃんと聞くには、グラフィッカーの立ち位置も重要。みんなに背中を向けてひたすらボードに書き進めるだけでなく、メンバーに顔を向けてその場に参加しましょう。

漢字が思い出せないときは、カタカナで書き留めるか、いっそみんなに聞いてしまうのも手です。「漢字書けないよね!」と意外と場が盛り上がることも。

まずは「聞く」、その上で確認してから「書き留める」。この流れで実践してみてください。

MEMO

要約が難しい場合は、「今のどう書けばいいですか?」と聞いて本人にまとめてもらえばOK

| 第4章 | グラフィックのコツ

「5W1H」で書くのが理想

「議論して決めても、現場で実行されないんです」
「そもそも何を話し合えばいいのか…」

会議やミーティングなどの話し合いの目的は、仕事
をスムーズに進めること。そのためには、メンバー
の意見や情報を正確に整理し、行動を起こすための
要素をまとめることが欠かせません。そんなときこ
そ、誰もが知っているフレームワーク、「５Ｗ１Ｈ」
を活用するのがオススメです。

・WHY…何のために（目的・理想・ゴール・ビジョンなど）

・WHEN…いつ（実行日・締切・期間・時期など）

・WHERE…どこで（場所・エリア・地域・会場など）

・WHAT…何を（取り組むこと・課題・問題など）

・WHO…誰が・誰に（リーダー・責任者・担当者・顧客など）

・HOW…どのように（手段・ツール・方法・仕組みなど）

これら６つの項目を、どう書けばいいのかをお伝え
します。

MEMO

WHYは会議の最初、
残りの4W1Hは最後の
まとめで押さえるとス
ムーズ

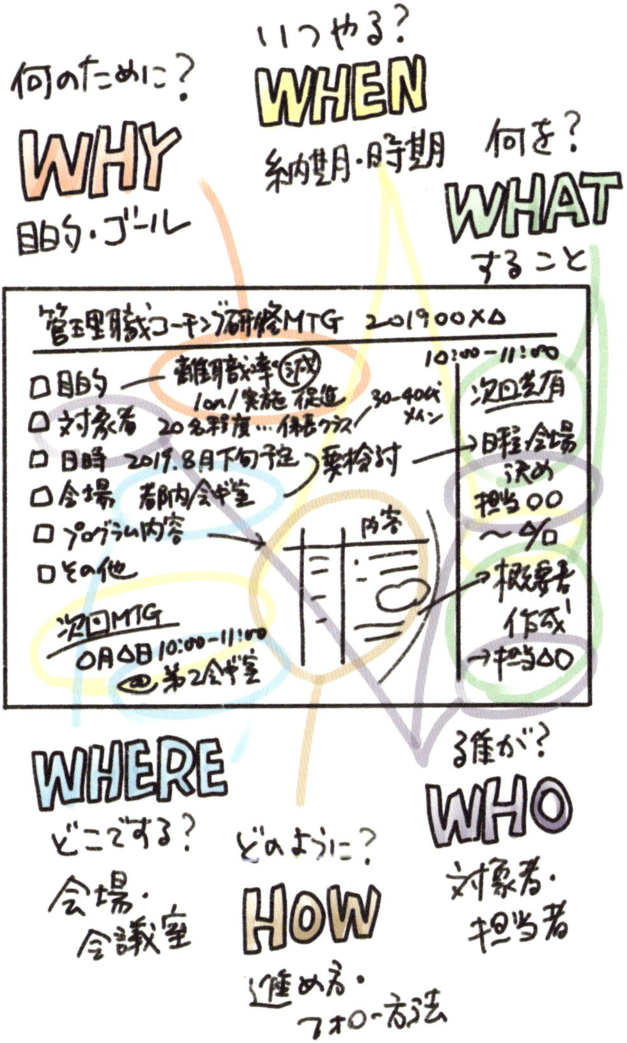

何のために？
WHY
目的・ゴール

いつやる？
WHEN
納期・時期

何を？
WHAT
すること

管理職コーチング研修MTG　201900×△
10:00〜11:00
□目的 ── 離職率(予)
1on1実施 促進
□対象者 20名程度…係長クラス 30-40代 メイン
□日時 2019.8月下旬予定 →要検討
□会場 都内/会場堂
□プログラム内容 ──→
□その他

次回MTG
○月△日10:00〜11:00
第2会場室

内容

次回予有
→日程会場
決め
担当○○
〜%
→概要者
作成
→担当○○

WHERE
どこでする？
会場・
会議室

どのように？
HOW
進め方・
フォロー方法

誰が？
WHO
対象者・
担当者

| 第4章 | グラフィックのコツ

✏ WHY「何のためのミーティング?」

ミーティングの目的やゴールは、必ず共有されるべきもの。しかしながら、ここを決めずに始まってしまうことが多いのも事実です。

「まず今回の企画趣旨を説明しますと…」
「今期の数字についてですが…」

メンバーが集まったら、即本題を話し始める方も多くいて、「**この場の目的は？**」と切り出しにくくなってしまう場面にもよく出会います。

だからこそのオススメは、==最初にタイトルとして書いてしまうこと==。

「イベント成功に向けて」
「来期の新規顧客開拓ミーティング」

など、その場の目的をホワイトボードの上部に最初から書いておきましょう。

目的が不明確な場合は、その場のリーダーに事前確認しておくことも大切です。「WHY」をハッキリさせて、気持ちよくスタートさせてください。

MEMO

「なんとなく」で実施している定例MTGや打ち合わせの見直しにも効果的。

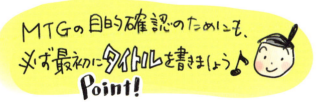

|第4章|グラフィックのコツ

WHEN「いつやる? いつまで?」

仕事を前に進めるためには、様々なアクションが必要です。そして必ず**「締切」**や**「納期」**などスケジュールを決めることが大切。現場で実践されない大きな原因は、締切が曖昧なことです。きちんとメンバーのスケジュールに予定として入らなければ、実行されないと肝に銘じましょう。

スケジュールを決めるとき、まず確認したいのは、

A：納期や時期が既に決まっているのか
　　（今期末、年内など）

B：内容を決めてから日付を決めていいのか
　　（企画やイベントなど）

のどちらのパターンか。

Aであれば、ミーティングの最初に確認して板書しておきます。Bの場合は、内容や条件などを出してからスケジュールを決めますから、議論の最後に決めて書くことになります。

また、大抵の場合、前後にも関係する仕事やプロジェクトがあるものですから、全体スケジュールを把

MEMO

その他、期間、頻度、スピード、プロセス、順番など

今期末、年内など、時期が決まっていても曖昧な表現の場合は、できるだけ具体的な日程として確定させる

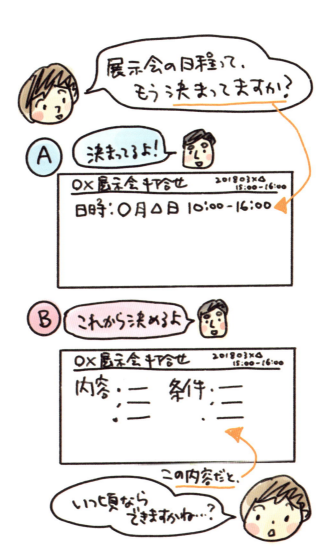

| **第4章** | グラフィックのコツ

握することも大切です。そのために、右向きの長い
矢印をホワイトボードに書き込み、月日を入れて内
容を書き留めましょう。どのくらいの期間分書くか
は、議題によって変わりますから、そこも合わせて
確認します。

最後に、きちんと実行されるアクション決めのため
には、具体的スケジュールを決めることが大切です。

「では、今週中にまとめておきます」
「3月には固めたいですね」

こういった曖昧表現には要注意。

「今週中」とか「年内」とかの曖昧表現は、必ず日
付に落とし込みます。そのためにはカレンダーと、
実働メンバーのスケジュールがその場でわかること
が必須ですから、決める会議の際には、「手帳必
携」をきちんと周知しておきましょう。

具体的な日付とその日までに出すべきアウトプット、
必要であれば担当者名も併記して、次回のミーティ
ング予定をきっちり決めて、ホワイトボードに書い
て終わります。

日付や時間は、各自がノートに書いて終わり、とし
てしまうと結構勘違いでメモを取る人もいますから、
必ず板書して共有しましょう。

MEMO

| 第4章 | グラフィックのコツ

WHERE「どこでする? どこを狙う?」

イベントや会議、研修などについて話すとき、スケジュールを決める上でも会場を先に確保しておかないと話が進まないこともよくあります。

「この日は会場空いてませんでした…」とならないように、使用したい場所が既に決まっている場合や、条件を考えるとある程度使える場所が決まってしまうような場合は、まずは会場を確定させることから始めます。

人が集まる企画について話すときは、想定人数規模に応じた会場をまずは決めるところから。議論の前に「会場」と項目を書いておいて、最初に決めてしまいましょう。

また、営業活動や販促など、顧客に向けた活動について考える場合も、エリアによっては議論の内容が変わります。地方向けなのか首都圏なのか、国内向けか海外か、早い段階でハッキリさせるためには「エリア」という項目を入れておくことも有効かもしれません。

MEMO

その他、位置や場所、場面、販売チャネルなど

イベントの開催場所などを決める場合は、会場候補の情報が必須。事前に用意しておくこと

| 第4章 | グラフィックのコツ

✎ WHAT「何をする? 何が必要?」

何をするか、何が必要か、項目をもれなく引き出そうと思ったら、ロジックツリーが便利です。大小様々な**「やること」「必要なもの」**を、大項目から順番にどんどん並べて描いていきます。

描くときのポイントは、<mark>項目の「レベル」を揃えて配置すること</mark>。

例えば右の「集客」というテーマのように、項目のレベルがバラバラにならないように分類しながらまとめます。

みんなで網羅していくことが大切ですから、付箋紙を活用するのもオススメ。まずは全員で必要だと思う項目を書き出して、相談しながら分類して張り出して整理するとスムーズです。

もしもその場にベテランの人や、経験豊かなメンバーがいる場合は、みんなでやる前に思いつくものを一旦全て話してもらってもいいかもしれません。

それらをグラフィッカーがボードにまとめた上で、他のメンバーにも追記してもらうというやり方もアリです。

MEMO

付箋紙には1枚1ネタ。見ながら議論できるように、太めのペンを使用する

|第4章|グラフィックのコツ

WHO「誰が? 誰に?」

すべき項目や必要な要素が明確になったら、誰がするかの「**担当者**」も明らかにしておきましょう。

それぞれの項目ごとに作業量は違いますから、どのくらい時間が必要か、何人くらい担当すべきかなどの仕事量の見積もりを立てることも重要です。

担当になった人だけが頑張る状況にならないように、必要に応じてサブ担当やサポート担当を書き加えることも現場の助けになります。リーダー、マネージャー、メンバー、サポーターなど、必要な役割を考えて項目化しておきましょう。

また、物事を決める会議では、「誰に決定権があるのか」を最初に把握することも重要です。議論を始める前に、誰が決めるのかを明確にして、その人が決めるためにはどんな項目が必要かを整理しておきましょう。これは、対顧客などターゲットが想定される場合でも同じです。

買ってもらいたい、選んでもらいたい相手は誰で、その相手が「決める条件」は何なのか。状況に合わせて必要と思われる項目を、事前に腹づもりしておきましょう。

MEMO

決定権者が求めるQCD（品質、コスト、納期）について考えておくのも重要

| 第4章 | グラフィックのコツ

HOW「どう進める?」

時期や担当、何をするかなどが決まったら、最後に確認すべきは「どう進めるか」。

進捗管理をどうするか、決めたことがうまく進まない場合はどうするかなど、様々な事態を想定して議論しておくことが大切です。

もちろん、やってみないとわからないことも多いでしょうから、そんな場合も最低限、次のミーティング予定は決めておきます。

次回ミーティングで何を確認するか、それまでにどう進めておくかなど、担当者やリーダーに確認し、きちんと次回の議題も整理して書き留めておけば、そのまま次回のアジェンダが完成。

私たちの日常は忙しく、大抵の場合複数のプロジェクトが進行していますから、忘れてしまうことも多いものです。

次回の予定を決めてスケジュール化し、次の内容もきちんと書いて共有しておくことで、うっかり忘れを防ぎ、みんなのコミットメントを高めた上で終わりましょう。

MEMO

その他、実行するための手段、媒体、事例など

次回ミーティングまでの宿題も5W1Hで整理しておく

| 第4章 | グラフィックのコツ

脱線意見も書いてOK

「そう言えばあの件だけど」
「〇〇さんと言えばさぁ」

議題やテーマを見える化して、最初に共有したはず
なのに、思いつきで発言する「脱線グセ」のある方
も結構います。早く本題に戻したいのに、妙に盛り
上がって時間ばかりが過ぎていく…。

そんなときは、ホワイトボードの一部を使って「脱
線」していること自体にまずは気づいてもらいまし
ょう。ポイントは、最初から専用スペースを取って
おくこと。

「パーキングロット」などとも呼ばれるこのスペー
ス、脱線なのか議題に関連している話なのかと悩ん
だときにも使えます。一旦そこにメモで残しておけ
ば、後で戻って議論することも可能なのです。

また、明らかな脱線の場合も、そこにメモする＝脱
線ということを最初に共有しておけば、「そっちに書
かれちゃったー」と自覚を促すことにもつながります。

本題に戻すには、脱線メンバーにまずは自覚しても
らうこと。そのためのスペース確保をお忘れなく。

MEMO

「脱線は3分まで」など
会議のルールを決めて
おくのも一案

| 第4章 | グラフィックのコツ

場所が足りない! 消すならいつ?

「どうすればうまく1枚にまとめられるんですか?」
「途中でスペースがなくなっちゃうんですけど…」

その場の議論を1枚のホワイトボードにまとめたい。
全員の意見を一目で見渡せる状態を作りたいときは、
最初に人数分の発言のスペースを大まかに想定して
書き始めます。そして、最終的に「まとめ」として
使えるメモにしたいなら、**結論や決まったことを書
き留めるスペース**を最初から区切って用意しておき
ましょう。

また、結論に至る途中の意見メモは、みんなで試行
錯誤するためのもの。必ずしも残す必要はありませ
ん。すべてを書き留めることに囚われ、議論を広げ
られなくなっては本末転倒。書いて消せるのがホワ
イトボードの利点ですから、消してOKと心得て、
どんどん書き進めてください。

議論がまとめの段階に入り始めたら、一旦ホワイト
ボードを全て消して、リセットしてしまうのも1つ
の方法です。ここまでの議論の記録は写真に残して、
出てきた主要な意見を書き写して再度議論を始めま
す。消す際には、「消していい?」とみんなに確認
を取ることも忘れずに。

MEMO

場合によっては、大き
めのサイズや複数枚の
ホワイトボードを使った
り、模造紙などを併用
するとよい

第**5**章

ファシリテーションのコツ

| 第5章 | ファシリテーションのコツ

みんなの発言を引き出す「問いかけ役」

会議におけるファシリテーターの役割は、全体の流れ作り。そして、どんな意見も言いやすい聞き手として、また、みんなの思考を刺激する「問いかけ役」として振る舞うこと。

そのためには、1人ひとりをしっかり見る細やかさと、全体を俯瞰して見る大きく広い視点の両方が必要です。

①全体の流れを考え、②聞き手として話しやすい雰囲気作りをするだけでなく、③膠着している議論を整理して前に進めたり、話が広がらないときに別の視点を投げかけることで、議論を広げていくのもファシリテーターの役割です。

また、会議をすること自体が目的ではないはずですから、その前後も含めた長期目線で場作りを考えることも大切。

会議を終えたあと、「現場や仕事がどうなればよいのか」「そのためには何が必要か」を考えて、上手に場を回していきましょう。

MEMO

そもそもファシリテートは「促進する」という意味。問いかけをはじめ、様々なアクションで、その場の議論をスムーズに進めることを指す

|第5章|ファシリテーションのコツ

プロセスをデザインする

会議では、議題やテーマに合わせ、次の5つのプロセスをデザインすることをイメージしてみましょう。内容によっては、事前に考えてもらったり、調べることを促す「事前課題」を設定するのも有効です。

大事なのは、「その場をなんとかする」ことだけがファシリテーションだと思わないこと。前後のやりとりも含めて、メンバーの力を最大限に引き出すのがファシリテーションです。会議とは決して特別な場ではなく、チームの普段からのコミュニケーションの延長線上にあるということを忘れずにいたいものです。

①各自で考える
その議題について、普段から常に考えている人ならいざ知らず、急に振られても意見を出せない人はたくさんいます。「事前課題」「その場で投げかけて3分」など、どんなメンバーも自分の意見を出せるよう、考える時間を「いつ」「どれくらい」取るかは大事な考えどころです。

②みんなで考える
それぞれが考えた意見を共有し、お互いに刺激し合いながら、今度はみんなで考えます。異論・反論・賛成意見など、様々なスタンスの意見を引き出すた

MEMO

事前にプロセスをデザインして臨まないと、いざ会議を招集しても、「まとまらない」「決まらない」「動かない」になりがち

日常の挨拶や声かけ、助け合いができる関係性があってこそ、会議もスムーズに。会議だけがスムーズなチームは存在しない

めに、ここは聞き手としての腕の見せ所。また、い
ろんな角度から問いかけることで、その場の思考を
より広く、深くリードしていきましょう。

③整理する

出てきた意見をまとめるには、整理するための枠組
み「フレームワーク」が便利です。前章でご紹介し
たTチャートやIチャート、2軸を重ねて作る四象
限マトリクスなど、どんなツールが使えるかを考え
て議論に投入していきます。

④決める

決める場であれば、議論の最後に結論を出します。
データや資料、決定者など、決めるために必要な要
素をきちんと用意しておくことが大切です。5W
1Hがしっかり整理され、ヌケモレなく決まってい
るかどうかも確認しましょう。

⑤共有する

会議で決めたこと、話し合ったことは最後にしっか
り共有します。口頭、スマホ写真、議事録など、そ
の場にいない人にも伝えるべきことをどう共有する
かなども考えておくことが大切です。

これら5つのプロセスを頭に入れておけば、テーマ
や人数にかかわらず、大抵の会議はなんとかなりま
す。時間配分の目安にもなるので、会議前にぜひチ
ェックしておきましょう。

MEMO

| 第5章 | ファシリテーションのコツ

みんながこっちを見るまで注目！

会議を始めるとき、誰かが話題を提供するとき。ワイワイ活発に議論したい場であっても、要所要所でピシッと締めることも大切です。

会議のスタートは、必ず双方向の挨拶から。「今から会議を始めます。よろしくお願いします！」と挨拶し、メンバーからも「よろしくお願いします」と返事が返ってくるのを待って、議論をスタートさせましょう。

「挨拶しても返ってこない」という切ない事態にならぬよう、ファシリテーターの挨拶は、みんなとしっかりアイコンタクトを取ってから。まずは一人ひとりに注目。今から始めるよ、と宣言して双方向のコミュニケーションを取ることで、その後も議論を進めやすくなります。

また、途中で情報提供するときなど、メンバーもファシリテーターも、きちんとみんなの注意を集めてから話すようにします。そこかしこでおしゃべりが続いている状態で伝えても、十分には伝わりません。

そのためには、「あとで議論しますから、不明点をチェックしながら聞いてください」など、聞くときに意識してほしいことを伝えておくのも効果的です。

MEMO

私語が静まらないときは、「何かあります?」とおしゃべりメンバーに質問。特になければ、「では進めますので聞いてください」と続ける

第5章 ファシリテーションのコツ

今日のゴールをはじめに確認

いつものミーティングや打ち合わせ、どんなふうに始めていますか？

メンバーが集まったら、最初にすべきはゴールの共有。「今日は何が決まればOKですか？」と最初に必ず確認します。確認したら、もちろんしっかりホワイトボードに見える化して、話し合うべき項目をリストアップしておきましょう。そうすることで、みんなの気持ちも発言も同じ方向に向かいます。

また、外部メンバーを巻き込んでのミーティングの場合、ときに集められた目的や状況を理解していないこともありますから、ゴールに加えてその場の目的も共有します。

「このプロジェクト、どこまで内容聞いてますか？」
「ミーティングの目的って伝わってます？」

など、最初に確認してから進めましょう。もちろん、そんなふうに聞くだけではなく、ミーティング参加を求めた時点できちんと説明しておくことが肝要。みなさん自身が主催者の場合は、集まる前にしっかり伝えておきましょう。

MEMO

「みんなわかっているはず」というリーダーの思い込みがズレを生む

104

最初に確認すべきこと

Goal

Goalを
目指すのは
何のため？

?

Point! メンバー全員が
プロジェクトの目的など
理解してから始めましょう。

第5章 ファシリテーションのコツ

「引き出して」「まとめる」ための3つのアクション

先ほどの5つのプロセスを通じて、ファシリテーターが行うのが、メンバーからの意見を「引き出して」「まとめる」作業。そのために必要なのが「問う」「聞く」「見る」の3つのアクションです。

①問う

まずは、様々な問いかけで、メンバーの発言を引き出します。どんな質問をするかで、出てくる意見の量や質は様々に変化します。質問のスキルやバリエーションを磨くことが良いファシリテーターへの近道と言えます。

②聞く

メンバーの意見に耳を傾け、話しやすい雰囲気を作ります。十分に聞ききった上で意見を整理してまとめれば、メンバーの納得感も得られます。

③見る

議論の場では、発言する人の声や表情、態度からも多くのことがうかがえます。「わかりました」と言う表情は明るいのか暗いのか。「質問は?」と聞いても誰も手を挙げないのは、本当に質問がないのか、そもそも何もわかっていないのか。みんなの状態をよく「見て」、考える時間を取ったりすることも、ファシリテーターとしての大切な役割です。

MEMO

ファシリテーターに求められるのは、「話す」より、「聞く」「聴く」「訊く」。話しベタな人も心配無用

| 第5章 | ファシリテーションのコツ

こんな質問で発言を引き出そう

「どんな意見もOK」とはいえ、できれば前向きな議論を促したいもの。そのためには、「質問」が重要です。ファシリテーターがどんな問いを投げかけるかで、その場の議論の方向性が決まります。

ポイントは、「なぜできないか」ではなく「どうすればできるか」、「どこがダメなのか」ではなく「どこを改善するか」と問いかける、ポジティブな姿勢で臨むこと。

特に、何か問題が起きた場合の対策会議や、新しいことにチャレンジする企画会議などでは、悪者探しや挑戦するリスクにばかり目が向いてしまうこともよくあります。

もちろん原因究明や批判的な目線も必要ですが、最初からその姿勢で臨んでは、メンバーの言い訳や、やらない理由ばかりを引き出すことにもなりかねません。

ネガティブな意見が出やすい場だなと思ったら、会議の前にどうすれば「できるのか」「うまくいくのか」を考える、未来型の質問をきちんと用意した上で、ネガポジ両方の意見を引き出していきましょう。

MEMO

質問してもなかなか意見が出ないときは、休憩兼考える時間を取る。考えてほしい問いは、板書しておくこと

議論が深まる! 鉄板フレーズ3選

そして、質問力を上げるには、まずは基本のフレーズから。次の3つのフレーズをモノにすれば、必ず会話は変わります。普段のおしゃべりにも活用して、自然に使えるようになりましょう。

①掘り下げる

「それって、どういうこと?」
「具体的に言うと?」
「例えば?」

言葉はそもそも多義的で、参加者みんなが違う意味で使っているもの。だからこそ、議論の場ではこのフレーズが欠かせません。

「お客様」「ルール」「ビジョン」「きちんとやる」など、会議でよく聞くこんな言葉も、みんなの言葉の定義がバラバラなままでは、議論は一向にまとまりません。

当たり前に思える言葉もしっかり掘り下げ、みんなで意味を共有できるように促していきましょう。

MEMO

質問するときは、なるべく短い言葉で手短に。この9つのフレーズを使うだけでも、議論はずいぶん深まるはず

| 第5章 | ファシリテーションのコツ

②広げる

MEMO

「他には？」
「まだある？」
「1人○個アイデア出そう！」

1つの質問には、1つの答え。そう思って議論を進めていては、隠れた意見を引き出すことはできません。メンバーに質問して、打てば響くようにすぐに出てくる意見やアイデアは、みんなが普段から考えているものばかり。せっかく集まって議論するわけですから、お互いに刺激し合ってより良い議論の場にしたいもの。そのためには、いつもより深く広く考えさせる、そんなファシリテーターの態度と問いが必要です。

③順位づけ

「優先順位をつけるなら？」
「どれが一番？」
「本当に大事なことは？」

いろんな意見が出てきたら、今度はまとめに入ります。そこで便利なのがこのフレーズ。取り組む順番、簡単さ、大切さ、いろんな尺度で優先順位をつける質問です。「本当に」「一番」「まずは」「絶対」など、序列をつけることになる言葉をうまく使って、メンバーの思考を整理していきましょう。

| 第5章 ファシリテーションのコツ

みんなが発言しやすい聞き方とは?

あいづち、うなずき、繰り返し。聞き上手と言われる人は、発言者のテンポやペースに合わせた反応を、タイミングよく返しています。

そんなふうに、2人で話しているときはできる人も、複数の人が集まるミーティングになると、途端に無反応になりがちです。だからこそ、ファシリテーターとして振る舞うときは、発言者のほうを向き、表情は柔らかく、「聞いているよ」のサインを態度を通じて伝えましょう。

「内容に同意できないときも、うなずくんですか?」という質問もいただきますが、ファシリテーターのうなずきやあいづちは、そもそも同意ではありません。あくまで「あなたの発言を聞いています」という表現であり、どんな意見に対しても同様の態度を取り、中立のスタンスを伝え、多様な意見が出やすい雰囲気を作るためのものです。

ネガティブ発言や否定的な意見を封じ込める「臭いものにはフタをする」方式では、いつか現場に綻びが出ます。どんな意見も引き出して、その上で前向きにみんなで議論することが、結果、強いチームを作るのです。

MEMO

普段から笑顔でいることを心がける。数人の前に立つと、緊張して無表情になってしまう人は意外と多い

| 第5章 | ファシリテーションのコツ

誰も発言しないときは?

「何か意見はありませんか?」と問いかけても誰も発言しない…。ファシリテーターとして、これほど切ない瞬間はありません。しかし、そこで諦めたら会議終了。ポイントさえ押さえれば、意見は結構出るものです。

もしも発言しやすい空気がその場にないなら、まずはファシリテーターが聞く態度を整えることから。しかし、そこは既にできているなら、なぜ発言が出ないのか、発言しないのかの理由を押さえておきましょう。

発言が出ない3大理由と対策、それは…

・理由① 発言してもいいかどうかわからない
　　→対策その① 指名する

・理由② 何を求められているのかわからない
　　→対策その② 例示する

・理由③ 言ったが最後、やらされる
　　→対策その③ 担当決めはフェアに

の3点です。順に見ていきましょう。

MEMO

その他、事前準備が必要なものもあるので、会議前に確認しておくこと

| 第5章 | ファシリテーションのコツ

対策その① 指名する

「忖度」という言葉が流行しましたが、私たちは空気を読み、自分と周りの立場を考えて発言してよいかどうかを判断しています。

「この担当は〇〇さんだから、ここで意見を言うと彼の立場ないよなぁ…」
「先輩を差し置いて発言しちゃダメだよね」

肩書きは忘れて意見を出してと言われても、本当に忘れてしまってよいのかどうかはわかりません。そんな状況では、みんな無難なほうをとるのが当たり前。「発言できない」「発言を控える」メンバーの気持ちを先回りして対策を立てるならば、いっそ指名して意見を求めるのも一案です。

「別部門からの意見として、〇〇さんいかがですか？」
「新人の意見を聞きたいんだけど、△△くんどう思う？」

自ら手を挙げては発言しづらくても、指名されれば渋々でも発言する人は多いもの。最初は仕方なく話し始めたとしても、出した意見を肯定的に受け止めてくれる聞き手がいれば、だんだんメンバーも乗ってきます。**最初の呼び水としての「指名」**、誰を当てるかも含めて、人選しておきましょう。

MEMO

何かしら発言できるメンバーを指名するためにも、普段から相手をしっかり見ておく

|第5章|ファシリテーションのコツ

対策その② 例示する

「どう思いますか？」「何かご意見は？」

指名しても意見が出ない。そんな場合は、もしかすると質問の抽象度が高すぎるのかもしれません。抽象度の高い質問は、具体的な意見を持たない人にとっては、**考え始めるためのヒント**が足りず、発言を促すことにならないのです。

こんな場合は、何についての意見を求めているのか、どんな意見を聞きたいのか、簡単な例や、対象となる発言を伝え、意見を引き出す呼び水として使っていきましょう。

「この商品について、例えば〇〇という意見もありますが」
「〇〇さんはこうおっしゃっていましたが」

こんなふうにどんな意見を求められているのかが示されれば、発言もしやすくなります。

ただし、ファシリテーターがダラダラと長く話すのは禁物。結局その意見や情報にひきずられて、メンバーの自由な思考の広がりを邪魔することになるからです。例を示すときは簡潔に話すことをお忘れなく。

MEMO

発言内容を考えるには時間が必要。沈黙を大切にする

| 第5章 | ファシリテーションのコツ

対策その③ 担当決めはフェアに

指名されて考えて、意見を言ったら、

「それいいね！」

その場で担当に任命されて、発言したメンバーが喜ぶとは限りません。

何かと忙しい私たちは、既に自分の仕事で手一杯。新しい仕事を急に任され、**「こんなことなら言うんじゃなかった…」**と発言を後悔した人は、きっと次から発言を控えようとするでしょう。

メンバーをそんな気持ちにさせないためには、**「言ったもん負け」を作らない会議のルール**が有効です。

会議での発言は、発言した人だけのものではなく、みんなで共有されるもの。だからこそ、ホワイトボードに書いて見える化するのです。見える化された意見の中から、実際に進める仕事が生まれたら、担当者決めは発言者も含めた全員で決めていきます。

忙しい職場は、担当者を決めるときこそ紛糾します。「アイデア出し」と「担当決め」は、別の議題と線引きした上で、みんなの意見を引き出しましょう。

MEMO

担当を決めるには、具体的にどんな作業が発生するかを明確にしておく

|第5章|ファシリテーションのコツ

遅刻の人が来たら、どう迎える？

何かと忙しく、予定を詰め込みがちな私たち。できるだけ遅刻者を減らすように働きかけ、遅れて来た場合もスムーズに受け入れる、そんな対応を心がけたいものです。

なお、遅刻者を減らすための対応としてオススメしたいのは、次の２つです。

１つは、「時間通りに始める」という文化を浸透させること。そしてもう１つは、事前にリマインドを送ること。毎回のミーティングにまでは不要かもしれませんが、外部メンバーを含めたミーティングなど、うっかりミスを防ぎたい場合には有効です。

それでも遅刻者が出た場合は、途中からでも参加しやすい態度で迎えるようにします。「お疲れさま！」と明るく声かけをして、必要に応じて遅れた理由を手短に確認してください。

そして、議論がひと段落したときなど、可能なタイミングで板書を示して要点を伝えます。そうすることで、ここまでの理解が進み、たとえ遅刻したとしても、その後の対話に参加しやすくなるはずです。

MEMO

「あ、始まってた」と思えば気持ちも引き締まるもの。それでも飄々と遅刻していくる人には個別に指導を

P136も参照

「決め方」を決めていますか?

会議で話し合いが脱線したり、まとめ方に悩んだりは、そもそも「決め方」が決まっていない場合によく起こります。特にビジネスの場合、「予算もスケジュールも人員も、何でも自由に決めていいよ」というのはレアケース。ほとんどの場合は、誰か決定権者がいて、その人の持つ意思決定の基準を満たすかどうかが問われます。

「決定権を持つ人は誰なのか」。そして「その人は、どんな基準を持っているのか」。決める会議を進行するファシリテーターになったら、最初に確認しておきましょう。

もしも、「みんなで決めて」という場合には、決定権者はその場のメンバー。議論を進める前に、どうやって決めるのかをある程度意見交換して、判断のための基準を共有しておくことが大切です。

なかなか基準が思い浮かばなければ、「効果はどうか」と「実現しやすいか」の2つの視点で検討することもオススメです。なお、多数決は、ほぼ半分に意見が割れた場合や、少数派の不満など、色々な課題を抱えた方法ですから、採用するなら事前の「根回し」必須と心得ておきましょう。

MEMO

たとえ参加者同士で何かを決めても、決定権者のYESをもらわないと実行に移せないこともあるので要注意

例えば…
効果高＝2票、中＝1票、低＝1票
のように投票ルールを決めて実施します。

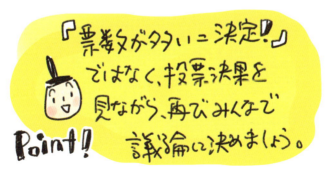

『票数が多い＝決定！』
ではなく、投票結果を
見ながら、再びみんなで
議論に決めましょう。

Point！

|第5章|ファシリテーションのコツ

最後は必ず「振り返り」の時間を

議論も終わった。結論も出た。そんな会議の最後には、「何か気になることはないですか？」と、必ず確認の時間を取りましょう。意見が出なければ、決まったことをざっとレビューして、メンバーみんなが理解しているかどうかを最終確認して終わります。

特に、**誰がいつまでに何を進めるのか**といった「行動」に関することは、進捗をどうチェックするのかも含めて、しっかり確認しておくことが大切です。「決めてもみんなやらないんですよね…」と嘆く議論の現場に伺うと、最後の詰めが甘いままで終わっていることが多いのです。

継続するプロジェクトなら、最後は必ず次回の予定を入れて終了。「次の会議のスケジュールは後で調整して連絡します」という会議に参加することも多いのですが、大抵の場合、会議事務局は日程調整に苦慮することになります。

せっかくメンバーが集まっているわけですから、たとえ変更になる可能性があるとしても、スケジュールはその場で決めて終わりましょう。そうすれば、その日が自然と締切となり、メンバーの行動促進にもつながります。

MEMO

手短に済ませれば、所要時間は1〜2分。終了時間ギリギリでも必ず行うこと

- ☑ その日決まったこと
  - ※ 4W1H (いつ、誰が、どこで、何を どのように) がモレなく決まっているか チェック!
- ☑ 次回MTG日時・会場・メンバー
- ☑ 次回MTGの議題
- ☑ 次回MTGまでにやること

このリストを必ず押さえておきましょう
Point!

| 第5章 | ファシリテーションのコツ

会議のやり方自体を振り返る

どんなに良いと思って始めた議論の場も、続けばマンネリ化は避けられません。会議をより良く進めるには、「会議自体の振り返り」が有効です。

「今の会議どうだった？」「次回はどうするといいかな？」そんなふうに問いかけて、今後の改善をみんなで考えましょう。毎回全員でする必要はありませんが、ファシリとして自分で振り返る「ひとり反省会」は常にやってみることをオススメします。

例えば、

・会議の進め方
・自分の問いかけとみんなの反応
・結論へのみんなの納得度
・決まったことは何か
・懸念点は
・メンバーについて感じたこと

などなど、チェックする要素はたくさんあります。

PDCAサイクルは、回せば回すほど効果的。ミーティング後の振り返りを習慣化することで、日々レベルアップしていきましょう。

MEMO

リーダーをはじめとする、ファシリ担当者だけでなく、参加メンバー全員の会議スキルの向上にもつながる

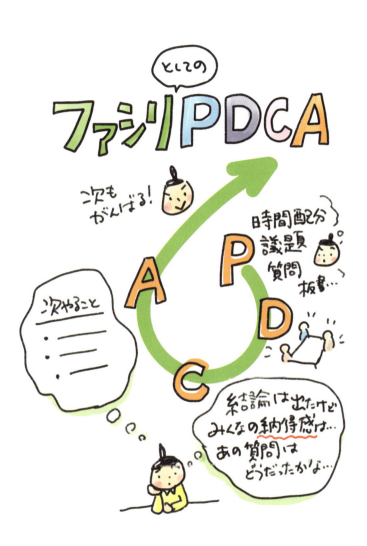

第**6**章

タイムキーピングのコツ

| 第6章｜タイムキーピングのコツ

みんなの時間を守る 「ガイド役」

働き方改革や、ワークライフバランスの推進など、働く私たちの労働時間は**「できるだけ効率良く」**が最近のキーワード。だらだら続く会議やミーティングが、改善の最優先にあげられることも多くなってきました。

より良い会議にするためには、見える化を担うグラフィッカーや、議論を促すファシリテーターが不可欠ですが、どんなに良い会議もエンドレスでは困ります。決めた時間内にゴールまで進むには、その場の時間管理を担う「タイムキーパー」が必要です。

タイムキーパーが管理するのは、全体の「会議時間」と個人の「発言時間」の大きく2つの時間です。どんなふうに始めてどう終わるのかの時間割を決め、発言者が時間を浪費しすぎないための対策を立てて管理します。

もちろん、立場によっては実行のハードルが高い場合もあるでしょうから、まずはできるところから。みんなの大事な時間を無駄にしないために、小さな一歩を踏み出していきましょう。

MEMO

P40で説明した通り、会議の終了時間は、冒頭にホワイトボードの上段に書くことを習慣にする

| 第6章 | タイムキーピングのコツ

定刻通りにスタートしよう

ミーティングや打ち合わせ、複数の人が集まる場では、遅刻者の存在はつきもの。単なるうっかり遅刻だけでなく、別の電話対応に追われて、前の仕事がずれ込んで…など、仕方がない場合も多々あります。

MEMO

しかし遅刻メンバーも含めて全員が揃うまで待つのは禁物。たとえメンバーが揃っていなくても、定刻になれば会議はスタートさせましょう。なぜなら、時間管理の基本は、まずはスタート時刻を守ること。そしてその意識をメンバーに浸透させることだからです。

P104も参照

「遅れて始まるなら、あの仕事済ませてから来ればよかった」とメンバーに思わせては、次の会議からの遅刻者は増えるばかり。メンバーにとっての会議の優先順位が、どんどん下がってしまいます。

キーマンが遅れてしまって本題に入れない場合も、何かしら意見交換すべきことはあるはずです。時間になったら「始めましょう」と声をかける。まずはその一言を発することが大切です。

会議を始めるなら、
・今日の議題の確認
・配布資料の確認
・終了時間の確認
などから入ると、スムーズ

| 第6章 | タイムキーピングのコツ

1分でかなりのことが話せます

スピーチ原稿を考えるときの目安は、**大体1分400字**。普段の話はそれよりも早口になる方も多いですから、人によってはもっとたくさんのことが話せるでしょう。会議での発言もこれが目安になります。

ただし、思いつくままに話していると、1分はあっという間。きちんと準備して話し始めることが大切です。もちろん準備するには、そのための時間が必要。メンバーにどんなタイミングで考えさせるのか、事前か会議中か、それとも休憩時間を挟むのかなど、全体の時間割も見て、事前に検討しておくことが大切です。

なお、「発言は短く」と伝えてもできない人もいますから、そんな場合は会議での発言のルールを決めて教育することが有効かもしれません。例えば、きちんと自分の話にタイトルをつける。話したい要素がいくつあるのかナンバリングする。結論を述べたのちに、意見、根拠を添えることなど、会議での発言ルールをみんなと共有しておきましょう。

…という上の文章も約400字。ぜひ参考にしてくださいね。

MEMO

スマホのタイマーや録音の機能を使えば、メンバー各自で1分間スピーチを練習してもらうこともできる

会議発言のルール

- ☑ 長くても3分まで！
- ☑ タイトル&ナンバリング
- ☑ まずは結論 次に根拠
- ☑ 反論は代案必須

ハイ！

今月の5S活動報告をします。
活動の成果は2つです。1つめは…
2つめは…。個人的に気になった
点ですが、場所によってバラツキが
ある気がします。具体的には、
文房具の不足が2件あり
…

| 第6章 タイムキーピングのコツ

時間配分は余裕をもって

せっかくみんな集まるんだから、あれもこれも欲張りたい。議題を考えるとき、やりがちなのが**「詰め込みすぎ」**です。登壇者の報告会のような一方通行の場であればいざ知らず、参加者同士のディスカッションを促す場では、詰め込みすぎは禁物です。

もちろん、「1テーマ2分」と決めて進行するトリンプ元社長の「吉越式会議」のようなパターンもありですが、それができるのは、みんなが会議のルールを理解・徹底して、しっかり準備して臨むから。メンバーが対話型の場に慣れておらず、好き勝手に発言している状態では、うまく機能しません。

職場の雰囲気や人間関係、議題の内容によってかかる時間はまちまちですから、まずは話し合いにどのくらいの時間がかかるのか、誰がどのくらい話しているのか、時間をチェックすることから始めてみましょう。

「Aさんが参加する会議でこのテーマだったら長くなるな」と予測して、議題に優先順位をつけたり、事前の根回しをしておくことも場合によっては必要です。メンバーは思い通りには動かぬものと心得て、できるだけ対応できる時間割を考えておきましょう。

MEMO

制限時間を超えたら次回に持ち越し、メールで共有、個別検討など、対応を考えておくとよい

| 第6章 | タイムキーピングのコツ

スマホで計測。上手な警告

時間管理を担うタイムキーパーの役割はもちろん重要ですが、複数の人が参加する場で時間を守るには、やはり参加者自身の自覚も必要。

まずは時間を意識してもらわないと始まりませんから、時間についてのルールは、考え方が浸透するまで、何度でも口すっぱく伝えましょう。

とはいえ、「アイツいつもうるさいなー」と煙たがられてしまっては、反発心を招くだけ。タイムキーパーとして伝えるだけでなく、スマホや時計などの道具をうまく使って時間を意識することを促します。

「発言は長くても3分まで」と決めるなら、話し始めたら3分間のアラームをセットして音で知らせるのも有効です。また、最初に必ず「今日は〇時までですね」と時間の確認を取り、「今〇分ですから、あと30分でこの議題をやりましょう」と、残り時刻を知らせるのも良い策です。

会議室にはみんなが見える大きな時計と、アラームをセットできるキッチンタイマーを用意して、いつでも使えるようにしておくと、より効果的です。

MEMO

アラームが鳴っても話し続ける人には、「〇〇さん、そろそろ…」と声かけ。それでも続く場合は、「あと何分くらい必要ですか?」と再確認

|第6章|タイムキーピングのコツ

全体がズレ込んだら、どう端折る?

会議時間は残りわずか、しかし議題が終わらない…。
タイムキーパーとしては「ズレ込むな」と思った時
点で何らかの対策をとりたいもの。…ではあります
が、うっかり時間が経って、もう終了予定時刻が迫
っている…！　そんなことだってよくあります。

そういう場合、議題を端折るなり時間を延長するな
りで対処することになりますが、このときのポイン
トは、**みんなの同意を取る**こと。タイムキーパーが
勝手に判断したり、リーダーにだけ聞くのではなく、
みんなに問いかけて確認を取ります。

「あと30分延長しても大丈夫ですか？ マズイ人は？」
「この議題、個別に詰めてもらうのでもいいですか？」

リーダーだけに延長許可を取ってしまうと、本当は
後に予定が入っている人も口にしづらく、抜けにく
くなることがあります。また、個別に詰めてもらう
ことになった場合は、その後の情報共有をどうする
かも決めておきましょう。

会議時間はみんなのもの。みんなで最適に対応すべ
く、働きかけていきましょう。

MEMO

最初に今日必ず議論す
べき議題は何か、優先
順位をつけてからス
タートする

|第6章|タイムキーピングのコツ

会議の時間を半分にする方法

「そもそも会議が長すぎるんです」というお悩み。例えば、半分くらいの時間で済ませたいと思えば、やり方を大胆に変える必要があります。

マンネリ化している営業部の定例ミーティング。各部門の担当者が、目標と現状、最近の出来事を報告し、「何か質問はありませんか？」と問いかけ無言で進む…。一方的な報告に多くの時間を割くのはもったいないですよね。そもそも「定例会議の目的は何か」「どんな効果を生み出したいのか」会議実施の前提から確認して、進め方を再検討してみましょう。

数字の共有はオンラインで済ませ、事前にチェックした内容について上長や他部門からの質問を受けつける「質疑応答の場」にするのも一案。もちろんそのためには、会議前に実績入力し、各自必ず質問を用意しておくなど、運用ルールを決めておきます。

その他、思い切って時短すると決めて、議題を優先順位で絞るというやり方もあります。また、1議題○分、それで結論が出なければ次回の会議に持ち越す、というルールを決めてもいいでしょう。時間は取り戻せない大事な資源です。無駄にならないよう、時々、会議のやり方を見直したいものです。

MEMO

会議の議題を「準備しないと発言できない内容」に絞り込めば、事前の情報共有も進む

定例会議や、その他、会議のやり方全般について、年に1度など、タイミングを決めて、振り返りの話し合いをするのもオススメ

第**7**章

実録!業務改善会議
〜アイデア出し・まとめ・振り返りまで

| 第7章 | 実録！業務改善会議〜アイデア出し・まとめ・振り返りまで

CASE 1 「プロジェクト型会議」を回す
（アイデア共有→決定）

ここまで、ホワイトボードを使った会議のやり方について説明してきましたが、この章では最後に応用編として、10人前後で行うアイデア出しを含む会議の事例について紹介していきます。

私たちが行う会議には、チームのミーティングや定例会議など、普段から顔を合わせているメンバーで行うもの以外に、何らかの目的のために各部署から選ばれた人が集まって話し合う会議もあります。今回は、こうしたプロジェクト型の会議について、とある企業の例を見ていきましょう。

参加者は次の10人になります。

ファシリテーター …… F（1人）
（社外のファシリテーター。グラフィック、ファシリテーション、タイムキーピングを担当）

リーダー …… L（1人）
（業務改善プロジェクトのリーダー）

メンバー …… M1〜9（9人）
（業務改善プロジェクトのために複数の部署から選ばれたメンバー）

MEMO

議題に合わせたメンバーを選びことも重要。なぜこのメンバーなのか必要に応じて説明を

外部ファシリを使わない場合は、若手に役割を振ることで育成にもつながる

初対面のメンバーが集まる場は、自己紹介の時間を取るとスムーズ。名前、所属、本プロジェクトへの関わりなど

150

❶ 会議のテーマを確認「タイトルを書く」

まず最初に、リーダーから今日の会議のテーマやタイトルをみんなに伝えます。

F：今日の会議のテーマは？

L：今日は、これまでみんなからの不満も多かった、「提案書のフォーマット改善」をテーマに進めます。みんなが新製品の企画案を提出するときに使用している書類です。

F：OK、ではタイトルとして書いておきますね。

MEMO

事前に伝えていても、必ず会議の冒頭に確認してからスタート！

❷ 時間・時期の確認
「終了時刻や期日を書く」

テーマが決まったら、今度は時間の確認です。①会議そのものの終了時刻と、②改善した提案書を使用する時期の2つです。

F：今日は**何時まで**OK？

L：全体で17時まで時間取ってます。

F：みなさんも大丈夫？　では、余裕を見て**16時までにしときますね**。で、新しい提案書は、**2か月後から**使い始めたいんですよね？

MEMO

この日は会議の振り返りも行うので、1時間の余裕を残して16時までに設定。開始時間と終了時間も、きちんと板書しておくこと

何かを決める会議では、「いつまでに決めなければならないのか」をまずは確認。それによって、今日は何をどこまで話し合うのかが見えてくる

153

| 第7章 | 実録！業務改善会議〜アイデア出し・まとめ・振り返りまで

❸ 課題意識共有
（事前記入シートあり）

事前に各自記入してきた「提案書に関する改善シート」をみんなで見ながら意見交換します。

F：全部で9人いて多いので、3チームに分かれて共有しましょうか。**10分くらい時間取り**ますね。

チームA
M1：今使っている提案書の項目、大まかすぎると思うんだよね。

MEMO

5〜6人以上の会議の場合、まずペアや少人数のチームで話し合う時間を設けると、参加者全員が発言しやすくなる

154

M2：あ、確かに！ この項目とかよくわかんないよね。

M3：シンプルにしてもいいけど、必要な情報が抜けたら困るし…

F：どんな意見出ました？ ではチームAから、代表の人、発表お願いします。

ファシリテーターは、各チームから出てきた意見をホワイトボードに見える化していきます。

①聞く→②確認→③書き留める、といったプロセスの中では、ファシリテーターがみんなと一緒に語り合うこともあります。

> **MEMO**
>
> 10分経ったら速やかにチーム発表に進む。その場で発表者が決まらないときは、ファシリテーターが指名してしまうのもアリ

❹ ゴール設定 「今日は何が決まればいいの？」

みんなの課題感を共有したら、会議のゴールを整理します。

F：今日は何が決まればいいの？

M1：「提案書に入れるべき項目」を決めたいよね。

F：それってどうやって決めるのがいい？

M2：……うーん。どうでしょう…。

MEMO

課題を共有したところで、もう一度、今日の会議のゴールを確認。「何をどのように決めるべきか」を具体的に整理していく

❺ 目的共有
「そもそもそれは何のため?」

F：そもそも提案書って何のためのものなの？

M1：商品開発を進めるためです。

F：どんなプロセスで使われるの？

M3：まず顧客にリサーチして、その内容にアイデアを添えてまとめます。提案書ができたら上司に上げて、実際に開発にかかるかどうかの着手判断をしてもらうんです。

F：なるほど、最終的に判断するのは誰？

M1：本部長ですね。

F：ふむ、じゃあ、提案書には、本部長が判断する上で必要な情報が入ってたらいいのかな？

M2：そうなりますね…。

F：OK、じゃあ「本部長が判断するために必要な要素」をまずは洗い出しましょうか。

MEMO

ここでは、WHY（何のために）、HOW（どのように）、WHO（誰が）、WHAT（何を）を確認することで、明確なゴールを共有

157

❻アイデア出し「付箋紙に書く」

付箋紙にアイデアを書いてもらうときのポイントは3つです。

①個人で考える時間を取ること
②1枚に1つのアイデアを書くこと
③太いペンを使うこと

F：各自必要と思う項目を、1枚に1つずつ書き出してください。**5分で1人10枚以上を目標**でいきましょうか。

MEMO

付箋紙はあとでみんなで共有するものなので、大きな字で書くように促す

たくさん出してほしいとき、しっかり考えてほしいときは、時間と枚数を目標設定。ちょっと無理めの設定をするのが勢いを生むコツ

❼ アイデアまとめ 「親和図でまとめる」

書いた付箋紙をホワイトボードに貼り付けてまとめる作業です。みんなで眺めながら、同じような意見をまとめ、タイトルをつけていきます。

L：では、3人チームで書いた付箋紙を共有しながらまとめてみてください。**新しく思いついたら、どんどん書き足してくださいね。**

M1：これってこっちの意見と一緒？

M2：いや、これはちょっと違うかも。

> **MEMO**
> 写真のように、付箋紙をまとめていく過程で、チームの議論が深まっていく

M3：どちらかと言えば、こっちのグループが近いかな…。

各チームごとに、付箋紙に書き出した意見を、ホワイトボードに貼ってまとめていきます。ホワイトボードがなければ、模造紙などに貼ってもOKです。

> **MEMO**
> ファシリテーターは、各チームを回って、チームの話し合いのサポートをしたり、出ている意見を把握したりして、全体共有に備える

❽ 全体共有
「各グループプレゼンテーション」

3チームそれぞれに話し合ったら、各チームでまとめたことを全体で共有します。

他のチームのメンバーも、「これってどういうこと？」と掘り下げる質問をしたり、コメントを入れたりと、ワイワイ進めていきましょう。

M4：チームBは、主にこの3つの案が出ました。まず1つめが○○に関連することで、…

M7：確かに、これ私も疑問でした。賛成です！

MEMO

各チームのホワイトボードの前に集まって、全員で発表を聞く

❾ 全体共有「共通キーワード抽出」

3チームの発表を聞きながら、共通する要素を抽出します。

F：3チーム共通して出ていた要素をまとめると、①一言で言うと何についてのアイデアなのかを伝える「コンセプト」、②そこに至った「プロセス」の2つを提案シートには入れ込むのがよさそうですが、いかがでしょう？

L：なるほど。じゃあ実際に、付箋紙をまとめのボードに貼りつけてみましょうか。

MEMO

各チームから出た意見の共通点を確認。それをもとに、全体の意見をまとめていく

❿ 全体共有「付箋紙まとめと共有」

3枚のボードに貼ってあった付箋紙を、今度はみんなで1枚のホワイトボードにまとめます。

M9：これここでいい？

M6：だったらうちのこの意見もここに加えさせて。

みんなでボードを眺めながら、ああだこうだとやりとりして、まとめていきましょう。

MEMO

この時間は、メンバー同士のやりとりが主体。ファシリテーターは全員が参加できるように声かけをしながら、しばし見守る

⓫ 全体共有 「抽象化・具体化で内容整理」

張り出された付箋紙のキーワードを見ながら、メンバーに確認して項目をまとめます。

曖昧な表現は「例えば？」と具体化し、細かい項目は「まとめると？」と問いかけて抽象化を促し、メンバーから様々な意見を引き出しましょう。

MEMO

問いかけのフレーズについては、P110も参照

□ 具体化する

F：この「市場規模」っていうのは、**例えばど
んな数字のこと？**

M1：病院の数とか、患者数とか…。

F：ふむふむ、他にもある？

M4：例えば、処置数とか…。

M1：あと、オペ数とかですかね。

□ 抽象化する

F：顧客に関するこのあたりの項目は、**まとめ
ると…？**

M5：困ってること、ですかね。

M3：ニーズとか、欲しいものとかもあるよね。

F：なるほど、欲しいもの…っと。

MEMO

⑫ まとめ
「決定事項確認」

F：お疲れさまでした。今日のゴール、「提案書の項目出し」ですが、**ここまでで決まったことは？**

M8：大きく3つですよね。「コンセプト」「思考プロセスの見える化」と、そこに至った「議事録を添付する」こと。

F：では、この辺りの項目を盛り込んだ提案書のフォーマットを作るということでいいですか？

M：いいと思います！

MEMO

ホワイトボード上に書かれていても、最後に必ずみんなで確認。改めて、今日決まったことを、整理して共有する

⑬ 次回に向けて「予定と具体的アクション確認」

「いいと思いまーす！」となった時点で安心してはいけません。ここで大事なのは、決まったことがちゃんと実行される状態を作ること。そのためには、「誰がいつまでに何を」やるのかを決めましょう。

F：了解、では誰がフォーマット作りますか？

M：……。えーと…

L：では、僕がまとめて叩き台を作ります。

> **MEMO**
>
> 自発的に手が挙がらないときは、リーダーの指名などで担当決めを

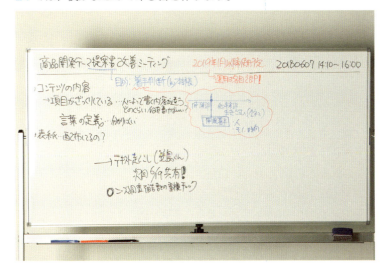

第7章 実録！業務改善会議～アイデア出し・まとめ・振り返りまで

F：ありがとうございます。まとめて、どうします？

L：みんなに共有します。

F：いいですね。それはいつ？

L：次のミーティングで…。

F：次…。それって、いつのミーティング？

M4：えーと、次は6月19日ですね。

F：6月19日ね。その日までにまとめられますか？

L：できると思います。

F：みなさん、参加できますか？

M：（手帳をチェックして）参加できます。

F：OK、ではここに書いておきますね。

最後のまとめで大切なのは、日付やメンバーの参加を曖昧なままで終わらせないこと。<mark>みんながスケジュール帳に予定を入れるところまで見届けます。</mark>そのため、記録の中にも、きちんと日付やタスクを書き込んで終わりましょう。

> **MEMO**
>
> 数回にわたって話し合う場合は、次回の日程を必ず決めてから終わる

| 第7章 | 実録！業務改善会議〜アイデア出し・まとめ・振り返りまで

CASE 2 「振り返りミーティング」を回す（課題共有→改善）

プロジェクトやイベントの終了時、自分たちの仕事について振り返ることは非常に大切です。

改善点をメンバーで共有し、次からのアクションにつなげていけば、必ず個人やチームの成長につながります。

ここでは、チームのPDCAサイクルを回していくためにぜひ実践したい「振り返りミーティング」の進め方について紹介しておきます。

話し合う内容としてオススメなのは、

・手に入ったこと（気づきや学び）

・うまくいったこと、いかなかったこと

・やってみたこと

・わかったこと

・次にやること

などです。

MEMO

リーダーは必ずメンバーの「良かった点」「助かったこと」「次回に向けての改善点」を事前にまとめておく

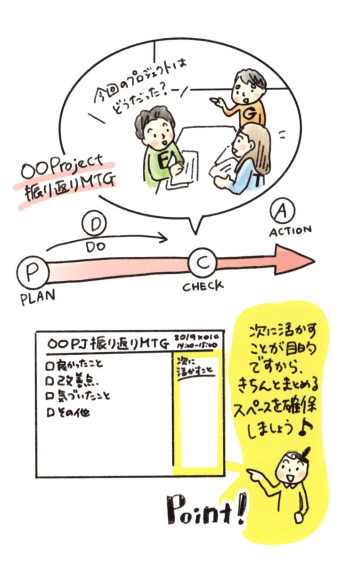

| 第7章 | 実録！業務改善会議〜アイデア出し・まとめ・振り返りまで

❶ 課題共有
「気づき・学び」と「質問・疑問」

振り返りミーティングと似て非なるものが、単なる「反省会」です。本来、自分たちの行いを中立的に振り返ればよいのですが、私たちはどうも「できなかったこと」「うまくいかなかったこと」だけを共有し、悔やんだり励まし合うのみで終わりがちです。

そうならないように、振り返りミーティングでは、未来のために前向きに意見交換できる議題を設定しておく必要があります。

MEMO

振り返りの会議は、大抵脱線するので、脱線ネタを書くスペースを必ず確保

F：では、先ほどの会議を振り返って、「気づいたこと・学んだこと」「疑問や質問」があれば共有してみましょう。

まずは隣の人と意見交換してみてください。5分間でお願いします。

M：（ペア or トリオで意見交換）

F：では、どんな意見が出たか、聞かせてください。

M6：重いテーマだったので、こんな短い時間で話し合えるのかな、と不安でしたが、整理して小さな要素に分けて進めていくと、意外とで

MEMO

いきなり「何かないですか?」と聞くのではなく、周囲の人とおしゃべりする時間を取ってから発表を促すとスムーズ

ここでは、関連する意見については「青」、そして、疑問や質問は、「赤」で書いている

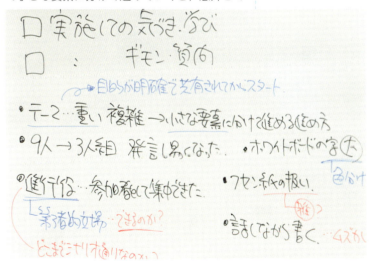

きるんだなあ、と。

F：そうですか。細かく問題を分けて話していったのが良かったと。**他には？**

M2：10人ということでしたが、3チームに分かれて話し合ったので、みんなが発言する機会があった。話しやすかったです。

M5：今回は、何について話し合うのか、最初に共有したのが良かった。「提案書のフォーマットについて」と非常に明確でした。

F：なるほどね。他にも何か？ …

MEMO

あいづちやうなずき、短い質問フレーズで、どんどん発言を引き出していく

❷ 今後に向けて 「行動・活動をどう変える?」

振り返りミーティングの目的は、その後のメンバーの行動やチーム活動をより良く変えていくこと。

そのために、必ず「今後にどう活かすのか」といった内容をメンバーに語ってもらって終わりましょう。

M2：次回から、6人以上の会議は、少チームに分かれて話してから共有してみてはどうでしょう?

M8：その日、会議で話し合うことを最初に確認するようにしてみては?

これらも合わせて板書して記録、共有していけば、同じようなプロジェクトを進める際の注意点としても活用できます。

せっかくの議論の時間を単なる「おしゃべり」で終わらせないために、ホワイトボードを上手に活用していきましょう。

MEMO

次回の会議やプロジェクトの冒頭で、さらにこれらを共有することで、チームのPDCAを回していくことができる

おわりに

「まとまらないし、決まらないし、みんな結局動かない。会議をうまく回すにはどうしたらいい？」

というお悩みにはホワイトボードが効きますよ、とお答えし続けて十数年。

「いつもよりみんなの発言が多くなった」
「今日の会議うまくまとまったね、とメンバーが話してくれた」

など、うれしい感想を聞くことも多くなってきました。

けれど、なかなかホワイトボード活用に踏み出せない方も多くいます。

「みんなの前だと、うまく書かなきゃと焦ってしまって…」

もしもみなさんもそう思うなら、まずは自分のノートで「他の人に見せるノート」を書く練習から始めてみてください。

ホワイトボードは、その場のメンバー共有のノート。人に見せることが前提のノートです。見せるノートを書き慣れていくことが、ホワイトボードにまとめる力を上げていくことにつながります。

どんなふうに書けばいいかなと悩んだら、本書に戻って書き方をチェック。イラストを描く必要も、綺麗な字でまとめる必要もありません。

まず書いてほしいのは、その場の目的や時間を書くスペースと、決まったことを書くスペースを区切る２本の線。

線が引けたら、あとはスペースを埋めるだけ。最初はうまくいかなくても、継続は力なり。必ずだんだん上手になります。

まとまる、決まる、動き出すチームを作る「ホワイトボード仕事術」。実践の先にどんな成果があったのか、いつかみなさんの声を耳にする日を、楽しみにしています！

谷 益美

著者紹介

谷 益美 (たに・ますみ)

コーチ、ファシリテーター。株式会社ONDO代表取締役。1974年香川県生まれ。香川大学卒。建材商社営業職、IT企業営業職を経て2005年独立。早稲田大学ビジネススクール、岡山大学で非常勤講師。NPO法人国際コーチ連盟日本支部顧問。NPO法人日本コーチ協会四国チャプター相談役。

専門はビジネスコーチング及びファシリテーション。企業、大学、官公庁などでコーチング研修やコーポレートコーチングなど、年間約200本の実践的学びの場作りを行う。2015年、優れた講義を実施する教員に贈られる「早稲田大学Teaching Award」を受賞。雑誌やウェブサイトへの記事寄稿、取材依頼など多数。

著書に『リーダーのための! ファシリテーションスキル』『リーダーのための! コーチングスキル』(小社)、『タイプがわかればうまくいく! コミュニケーションスキル』(総合法令出版・枝川義邦氏共著)、『マンガでやさしくわかるファシリテーション』(日本能率協会マネジメントセンター)、論文「コーチングにおける重要度の理解と実践の認知」(『実践経営』第51号2014年・杉浦正和氏共著)、挿絵『MBA「つまるところ人と組織だ」と思うあなたへ』(同友館) がある。

株式会社 ONDO
http://www.ondo.company

まとまる!決まる!動き出す! ホワイトボード仕事術

2019年 8月5日　　第1刷発行

著　者　───　谷益美(グラフィック＆イラスト含む)
写　真　───　冨田寿一郎
発行者　───　德留慶太郎
発行所　───　株式会社すばる舎

東京都豊島区東池袋 3-9-7 東池袋織本ビル 〒170-0013
TEL 03-3981-8651 (代表)　03-3981-0767 (営業部)
振替　00140-7-116563
http://www.subarusya.jp/

印　刷　───　株式会社シナノ

落丁・乱丁本はお取り替えいたします
©Masumi Tani 2019 Printed in Japan
ISBN978-4-7991-0691-4

すばる舎の本

チームを回していくために必須のスキル、ファシリテーション。
日常業務から会議、研修、ワークショップ、飲み会まで、あ
らゆる場面で役立つ、リーダーに必須のスキルを紹介!

リーダーのための!
ファシリテーションスキル

谷 益美
Tani Masumi

そこにいる誰もが
ワクワク話せる
チームを作る!

これで仕事は
9割!

初めての部下指導から
プロジェクトマネジメント、組織活性まで

早稲田大学ビジネススクール、
一般企業、地方自治体等で活躍の
人気コーチがわかりやすく紹介!!

対話の力で
チームは
育つ!

すばる舎

●四六判並製　●P256　●定価:本体1500円(＋税)
● ISBN978-4-7991-0333-3

www.subarusya.jp